うまく焼けるていねいなレシピ

愛すべき地味菓子

yuka*cm

大和書房

はじめに

私は小学生のときからお菓子を食べること、作ることが大好きなのですが、自分の中でお菓子＝生クリームでデコレーションしたものや、フルーツがたっぷりのった、いわゆるキラキラとした生菓子だと思っていて、専門学校に入るまであまり焼き菓子に着目したことがありませんでした。

専門学校でいろんなお菓子の実習をし、今まで食べたことがない焼き菓子をたくさん試食していくうちに、「あれ？　私、焼き菓子のほうが断然好きだ」と実感したのです。確信したのはガレットブルトンヌの授業で、今でも思い入れが強い大好きなお菓子です。パリへ研修旅行に行ったときにたまたま見つけた焼き菓子専門店に入ったら、ショーケース一面が茶色のお菓子であふれていました。購入したお菓子が白い箱に無造作に詰め込まれている姿に妙に魅了されたのを、今でも覚えています。茶色一色でとても地味なのに、こんなにも心惹かれるなんて。そこから私の地味菓子を愛する日々が

はじまりました。

本書は、私が約15年間の中で作ってきたお気に入りのレシピや想いがぎゅっと詰まった理想通りのレシピ本になりました。

お菓子づくりを始めたばかりの頃の、上手に焼けたときのうれしさやワクワク感は今でも忘れられず、たくさんの人に〝お菓子作りの楽しさを知ってもらいたい〟〝このワクワク感を味わってもらいたい〟ということをモットーにレシピを書いています。お店で売っているような本格的なお菓子の味を、おうちで作りやすいように考えているのと、一度で成功してほしいので、できるだけ細かく丁寧に書くことを心がけています。

お菓子の種類は、友人に会うときに手土産にするものや、自分が日常的に食べているものなど、バラエティ豊かな37品になりました。私自身にもボロボロになるまで読み込み、長年大切にしているレシピ本があるように、この本が読む方にとって何度も作りたくなるような、長く愛されるものになりますように。

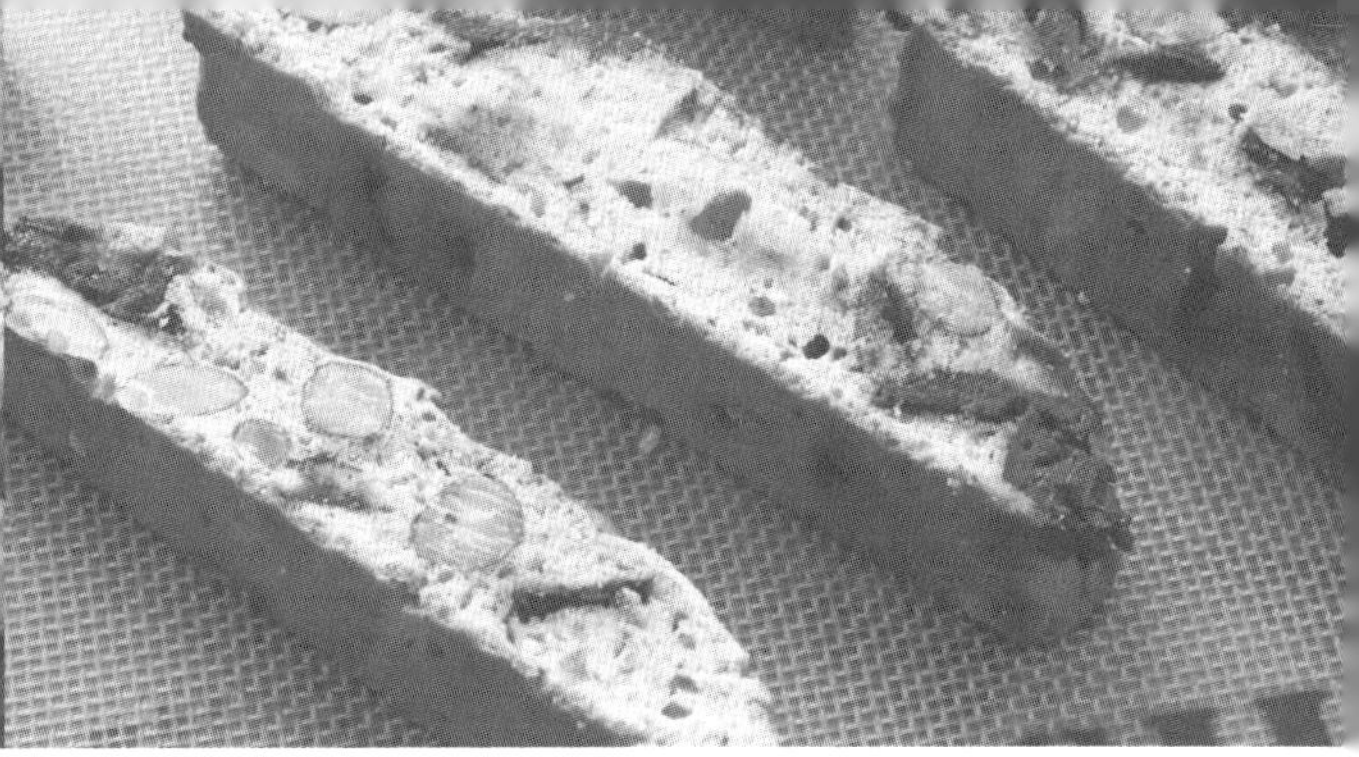

目次

はじめに —— 2

【おさらい】
お菓子づくりの基本 —— 6

PART.1 手土産にうれしい地味菓子

カヌレ —— 10
ショコラカヌレ —— 11
抹茶カヌレ —— 11
ピスタチオカヌレ —— 11
ガレットブルトンヌ —— 17
ピスタチオフィナンシェ —— 20
キャラメルショートブレッドサンド —— 22
ほうじ茶ティグレ —— 24
ソルトキャラメルナッツタルト —— 25
バスクチーズケーキ —— 30
抹茶バスクチーズケーキ —— 31
バスクチーズケーキショコラ —— 31
りんごのクランブルタルト —— 35
ショコラマドレーヌ —— 38
クロッカン —— 40

【この本の決まり】
・オーブンの焼成温度と時間は目安です。
・オーブンはすべて中段で焼成しています。
・電子レンジは500Wです。
・特に記述のないものは予熱温度でそのまま焼いてください。
・塩ひとつまみは親指、人差し指、中指の3本でつまんだものです。
・卵の目安はL玉1個＝60gですが個体差があるので量ってください。
・小さじ＝5mℓ、大さじ＝15mℓ、1カップ＝200mℓです。
・シルパンとシルパットはクッキングシートで代用可です。

【マークの説明】
Level → 難易度のマーク
20min → 作業時間のマーク
60min → 焼成時間のマーク
24h → 寝かせる時間のマーク
10min → 冷やす時間のマーク

PART. 2
おやつにうれしい地味菓子

レモンケーキ —— 44
ビスコッティ —— 46
生チョコタルト —— 48
ラムレーズンサンド —— 49
アールグレイラングドシャ —— 54
プレオール —— 56
メレンゲクッキー —— 58
ローズマリーブールドネージュ —— 59
ガトーショコラ —— 62
ロッシェココ —— 64
クレームブリュレ —— 66
昔ながらのプリン —— 67

PART. 3
軽食がわりになる地味菓子

グラノーラ —— 72
ショコラグラノーラ —— 74
エッグタルト —— 76
アールグレイシフォンケーキ —— 78
バジルシフォンケーキ —— 79
シナモンロール —— 83
スコーン —— 86
シュケット —— 88
カカオニブブラウニー —— 90
栗のマフィン —— 92

COLUMN

道具について1 —— 42
道具について2 —— 70
材料について —— 94

【おさらい】

お菓子づくりの基本

お菓子づくりは、小さな作業をどうするかで仕上がりに差が出てきます。おいしいお菓子をつくるために大事にしているポイントや作業がしやすくなるポイントについてご紹介します。

生地の混ぜ方

1. まずは1、2回ゴムベラで切るように混ぜる。

2. そのあと、下から返すように混ぜると全体が混ざる。切るように混ぜるだけでは全体が混ざらないので注意。

NG

ゴムベラを押しつけたり、練るようにしたりしてしまうとグルテンが出て食感が変わってしまうので注意。

生地を取り出す

1. ゴムベラで生地を1か所に集める。

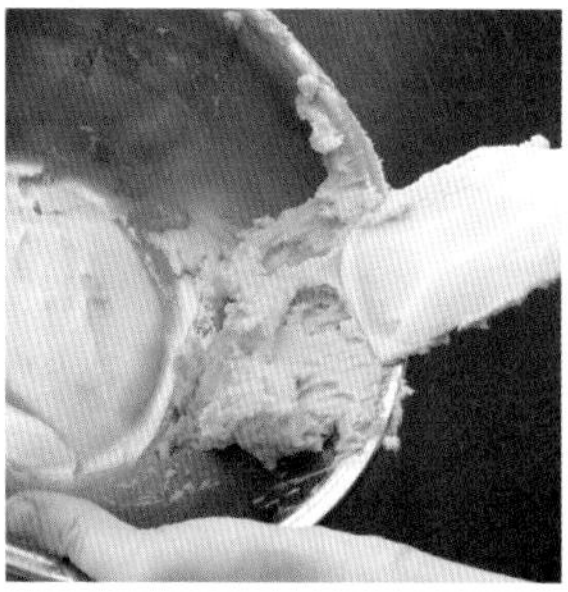

2. ゴムベラについている生地もボウルの縁に沿わせてこそげとるようにする。

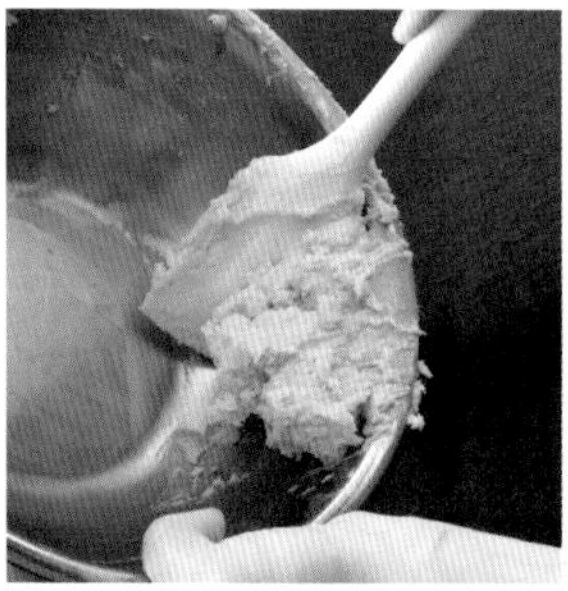

3. ゴムベラをボウルの縁に沿わせながら生地を一気にとる。

4. とった生地をラップの上にのせ、ラップを折りたたむ。

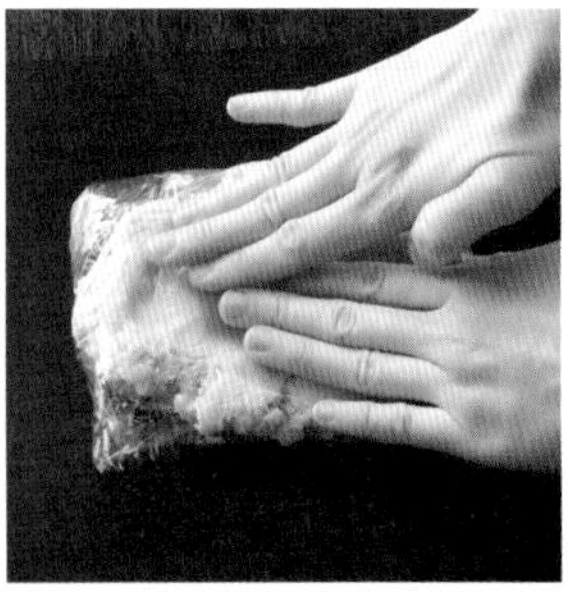

5. 四角状にしたラップの上から、生地を広げるように手で押す。

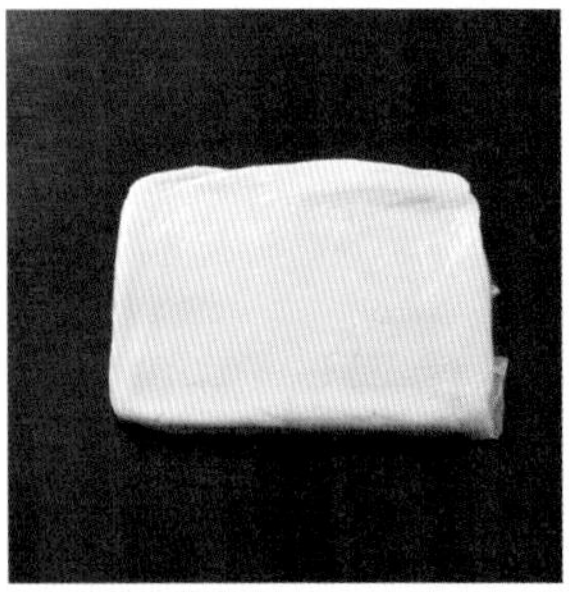

6. 全体がなるべく均一の厚さになるように広げる。

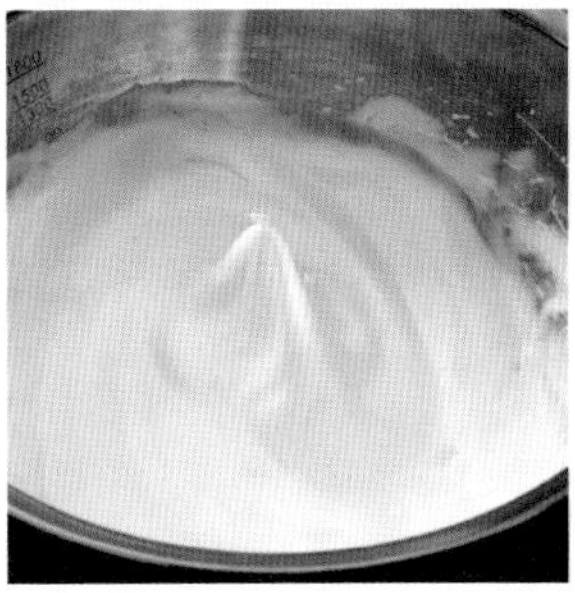

5. 最後の1/3の砂糖を入れ、ハンドミキサーをかけ、混ぜ終わった状態。ツヤが出て、持ち上げたときにしっかりツノが立ち、先が少しお辞儀する状態が目安。

6. 仕上げに低速で少しだけハンドミキサーをまわす。これを行うことで泡のキメが整う。

温度

予熱などの際にオーブンで設定した温度と庫内の実際の温度がずれていることがあるので、庫内温度計で温度を測るのがおすすめ（お持ちでない方は約10分長く予熱するといいと思います。扉の開閉は素早くすることがポイント）。

メレンゲ

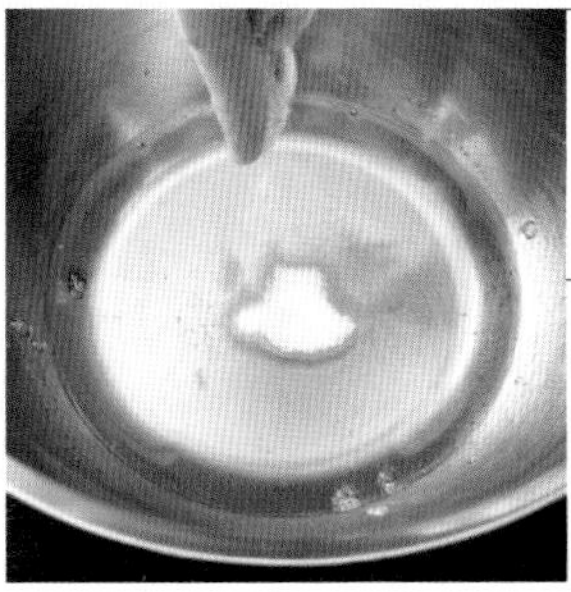

1. 卵白を入れたボウルにひとつまみだけ材料の分量内の砂糖を入れる。

2. 卵白のこしを切るようにふわっとするまでハンドミキサーにかける。

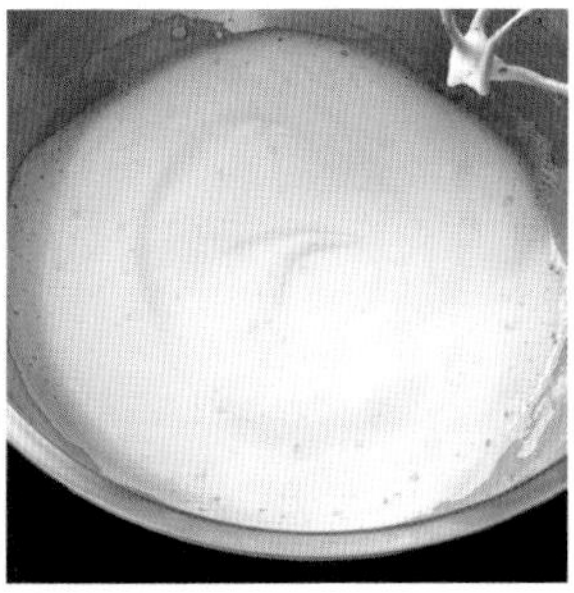

3. 分量の1/3の砂糖を入れて、もこっとするまでハンドミキサーをかける。

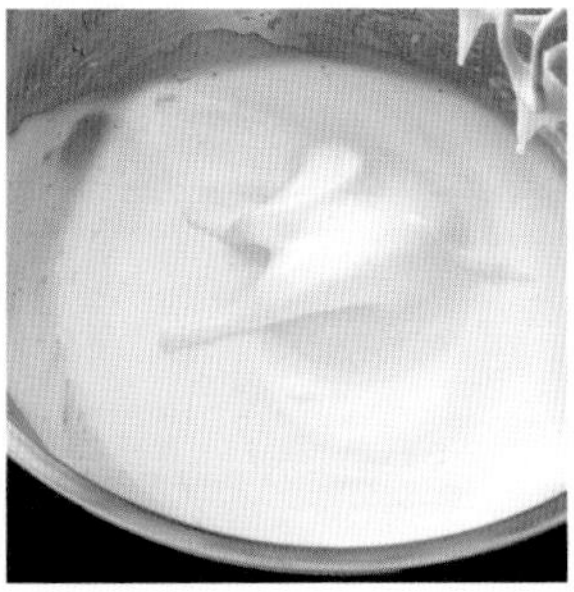

4. 続けてもう1/3の砂糖を入れてハンドミキサーをかける。高速で円を描くようにかけることを意識する。

生地の敷き込み

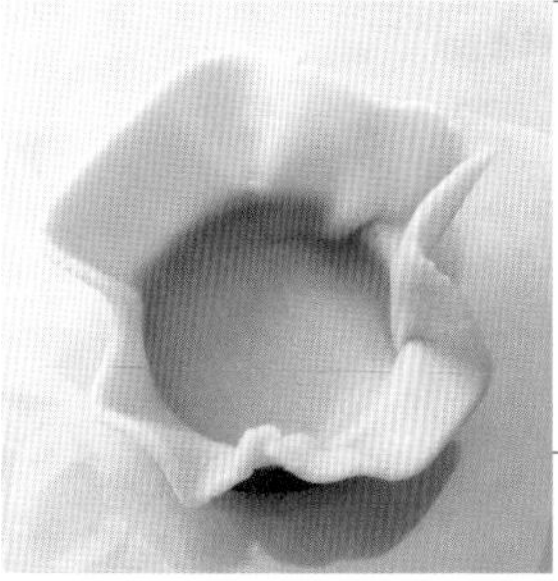

1. タルトリングにはめ込むようなイメージで生地を入れる。

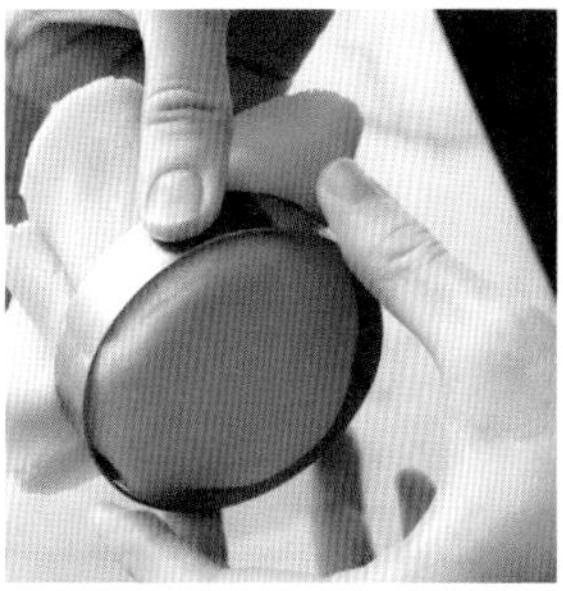

2. タルトリングを持ち上げ、生地がきちんとリングの底に広がるように調節する。

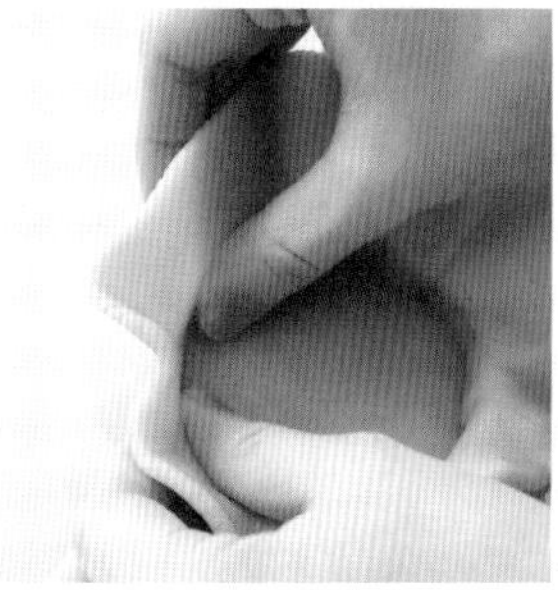

3. 生地が浮いている部分がないように、しっかり指先で敷き込んでいく。

4. タルトリングからはみ出た部分の生地をペティナイフをタルトリングに沿わせるようにすべらせて切り落とす。

卵とバターを混ぜる

1.　ホイッパーは力強く持つのがポイント。

2.　円を描くように混ぜる。途中で卵が分離してきたら、あとに使う粉類をひとつまみ入れることで分離が止まりやすくなる。

バターを常温に戻す

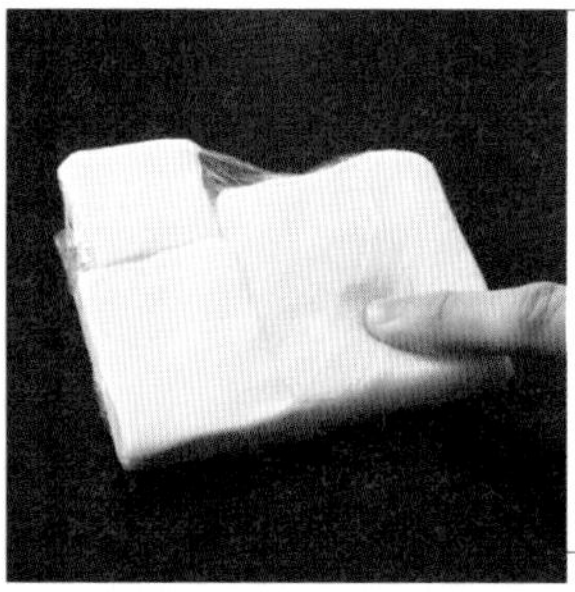

バターはしっかり常温（約20度）に戻すことがとても大事。写真のように指で押すとへこむくらいの状態にする。

クリームを絞る

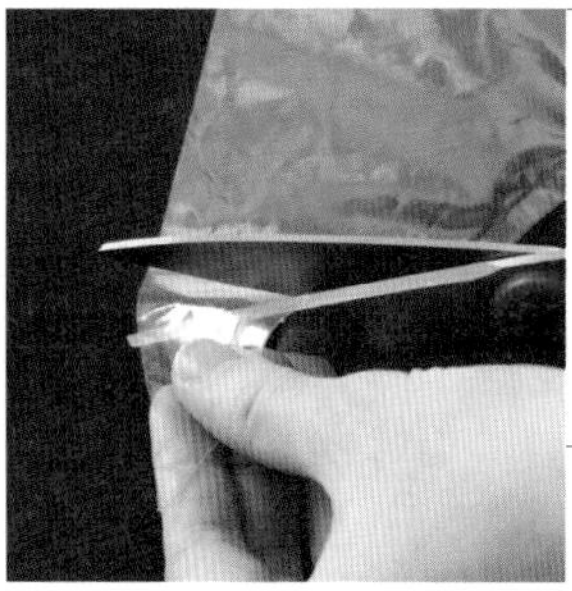

1.　絞り袋の先端をはさみで切る。

2.　絞り袋に口金を入れたら、口金の手前を少しねじり、中に入れ込む。

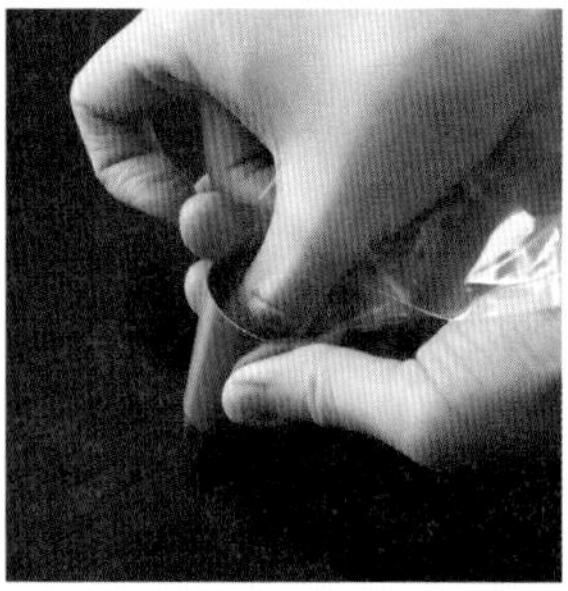

3.　写真のように絞り袋を口金の下のほうへぐっと押し込む（クリームが垂れてきてしまうことを防ぎます）。

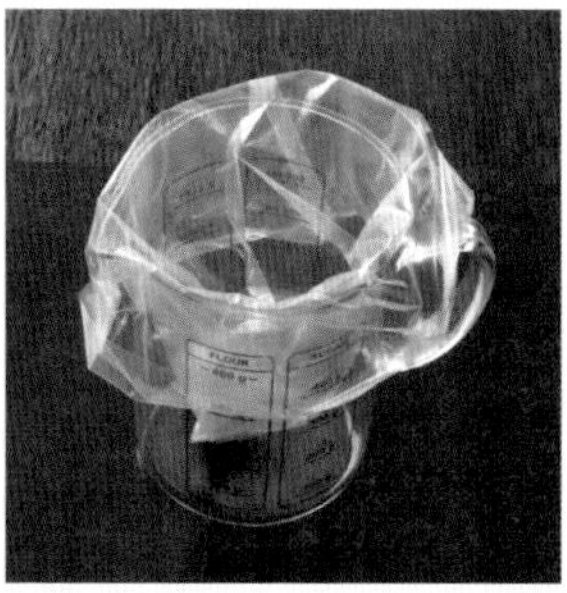

4.　口金をつけた絞り袋を計量カップの中に入れ、袋の口の部分を計量カップに沿わせて広げる。

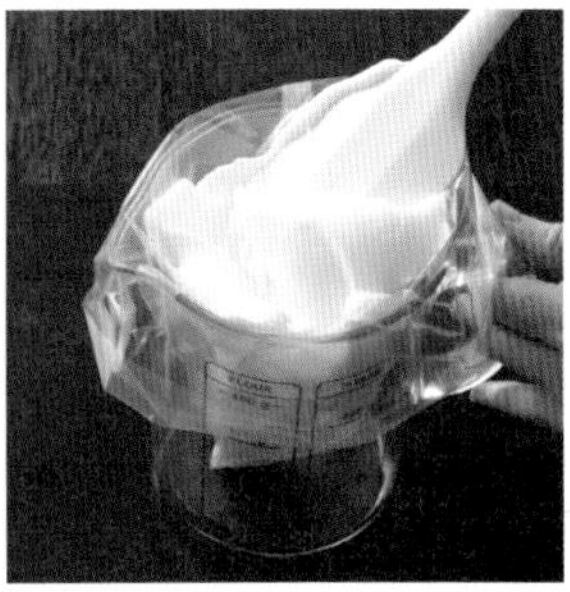

5.　絞り袋の中にクリームを入れていく。

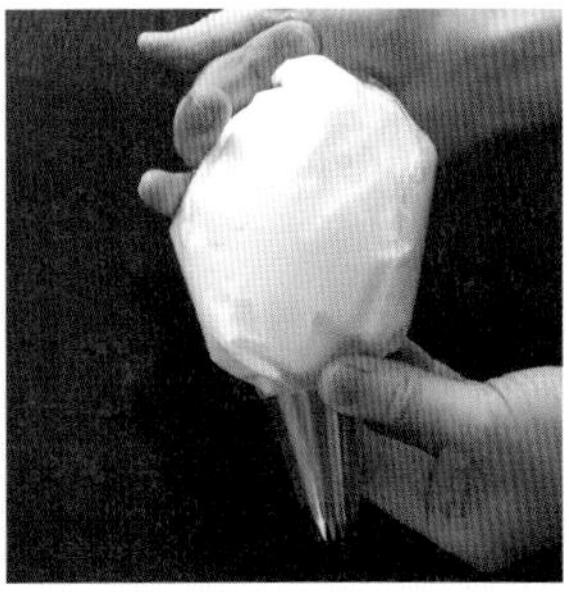

6.　絞り袋を計量カップから取り出す。

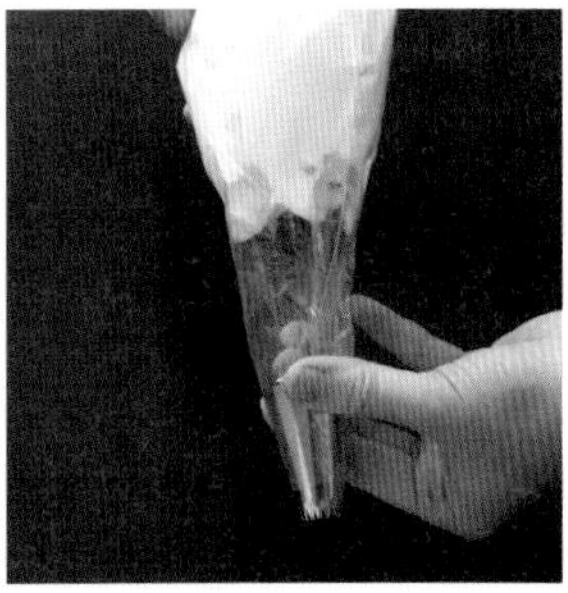

7.　3で押し込んだ部分を戻すとクリームが絞り袋の上部に集まっている状態。握っている手で上から下にしごくようにクリームを下にまとめる。

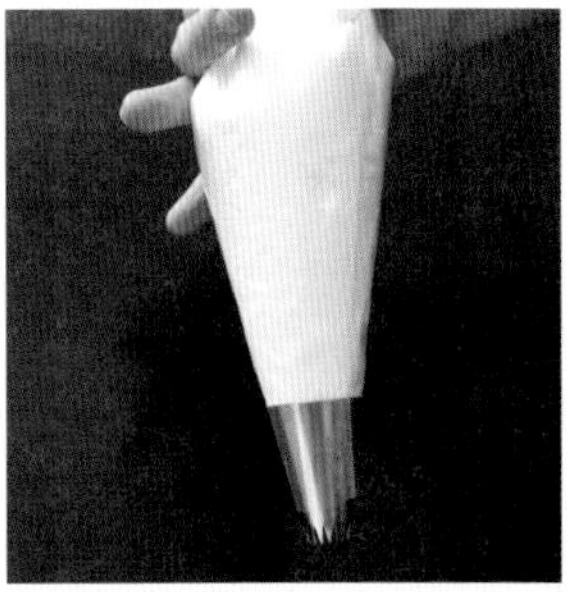

8.　絞り袋にたっぷりクリームが入った状態。この状態から絞る。

PART. 1

手土産にうれしい
地味菓子

カヌレ

一番好きなお菓子なので理想のカヌレを追求して試作を重ねたレシピです。真っ黒の層の薄さ、均等に気泡が入っていること、食べたときの全体のバランスがいいということに気をつけて作りました。

← p.12

ショコラカヌレ

← p.14

バレンタインに考えたショコラバージョン。

抹茶カヌレ

← p.15

お砂糖もきび砂糖にし、和をイメージしたカヌレ。

ピスタチオカヌレ

← p.16

大好きなカヌレとピスタチオを組み合わせた私にとっての夢のお菓子。デコレーションも楽しめます。

p.10 →

カヌレ

材料―シリコンフレックスカヌレ型
スモール 18ヶ付 18個分

牛乳…250mℓ
バニラビーンズペースト
…2g
無塩バター…10g
強力粉…25g
薄力粉…40g
グラニュー糖…95g
ブラウンシュガー…20g
卵黄…30g
卵白…10g
ラム酒…20g
無塩バター（型に塗る用）
…適量

下準備

- 卵黄と卵白はそれぞれ計量して合わせ、常温に戻しておく。
- 強力粉と薄力粉は一緒にふるっておく。

1. 牛乳とバニラビーンズペーストを手鍋に入れ、60度に温める。

2. バターはきつね色ぐらいの焦がしバターにして、鍋底をボウルに張った水にあてて粗熱をとっておく。

3. ボウルに強力粉と薄力粉、グラニュー糖、ブラウンシュガーを入れ、ホイッパーでグルグルと混ぜておく。

7. オーブンを天板ごと230度に予熱しておく。

8. ゴムベラで生地を静かに均一になじませるように混ぜる。計量カップなどの注ぎやすいものに入れ替える。

9. 型に常温に戻したバターを塗る。

★★★ Level

15min

60min

24h

4.　3に1を一気に入れ、ホイッパーで混ぜる。

5.　卵を4に入れて混ぜ、2の焦がしバターとラム酒を入れて混ぜる。

6.　一度濾してから、24時間以上冷蔵庫で寝かせる。オーブンで焼く1時間前に冷蔵庫から出して常温に戻しておく。

10. 8分目〜9分目まで生地を注ぐ。

11. 天板を出して、生地が入った型をのせ、220度で20分焼き、オーブンの中に入れたまま設定温度を170度に下げて40分焼く。オーブンから出し10分ほどそのまま置いてから、逆さまにして型から取り出す。

MEMO ☰

カヌレのポイントは、牛乳の温度はしっかり測る・生地は泡立てない混ぜすぎない・生地をしっかり寝かせ、常温に戻すことです。また予熱ブザーをあてにせず、オーブンの庫内温度をしっかり測ること。カヌレは温度が大事です。

p.11 →

Level ★★★
15min
60min
24h

ショコラカヌレ

材料―シリコンフレックスカヌレ型
スモール 18ヶ付 18個分

牛乳…250㎖
製菓用スイート
　チョコレート…25g
無塩バター…10g
強力粉…20g
薄力粉…35g
ココア…10g
グラニュー糖…95g
卵黄…30g
卵白…10g
ラム酒…20g
無塩バター
（型に塗る用）
…適量
カカオニブ…適量

下準備

- チョコは細かく刻んでおく。
- 卵黄と卵白はそれぞれ計量して合わせ、常温に戻しておく。
- 強力粉と薄力粉とココアは一緒にふるっておく。

1. 牛乳を手鍋に入れ60度に温め、チョコレートとバターを入れて溶かしておく。

2. ボウルに強力粉と薄力粉とココア、グラニュー糖を入れホイッパーでグルグルと混ぜておく。

3. 2に1を一気に入れホイッパーで混ぜる。卵を入れて混ぜ、ラム酒を入れて混ぜる。

4. 一度濾してから、24時間以上冷蔵庫で寝かせる。オーブンで焼く1時間前に冷蔵庫から出して常温に戻しておく。

5. オーブンを天板ごと230度に予熱しておく。ゴムベラで生地を静かに均一になじませるように混ぜ、計量カップなどの注ぎやすいものに入れ替える。

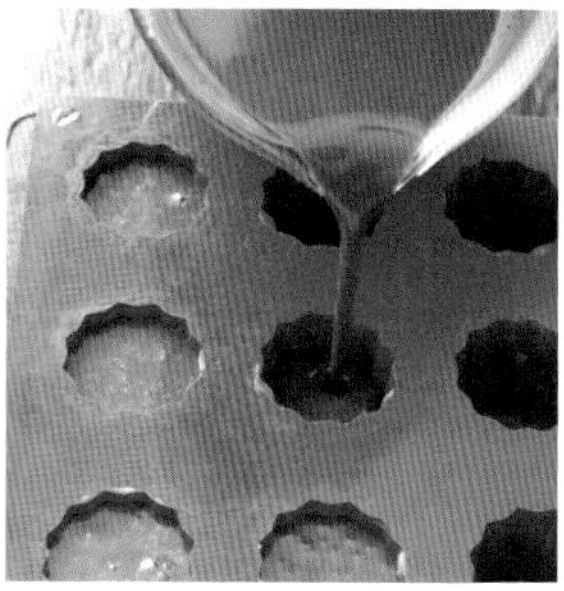

6. 型に常温に戻したバターを塗って、生地を8分目～9分目まで注ぐ。

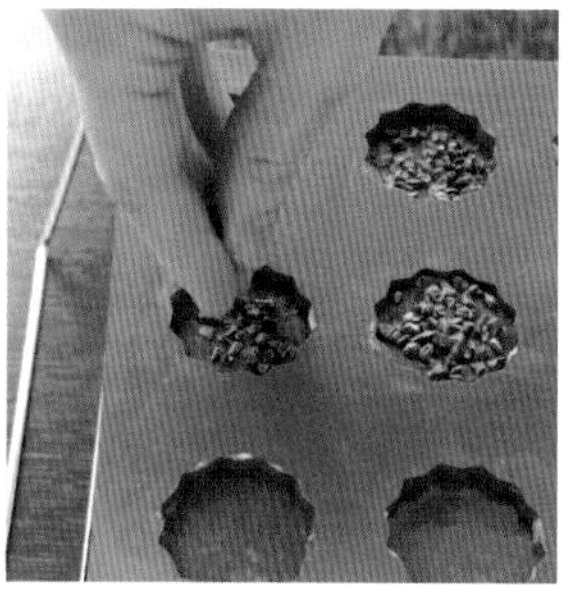

7. お好みで上にカカオニブをのせる。オーブンから天板を出して、生地が入った型をのせ、220度で20分焼き、オーブンの中に入れたまま設定温度を170度に下げて40分焼く。オーブンから出し10分ほどそのまま置いてから、逆さまにして型から取り出す。

MEMO ☰

注意点はプレーンのカヌレと同様です。また、オーブンから出して少し型で落ち着かせてから外すことで、腰折れしにくくなります（ただ、焼きが甘いと落ち着かせても腰折れするので注意）。

p.11 →

抹茶カヌレ

材料―
シリコンフレックスカヌレ型スモール　18ヶ付　18個分
牛乳…250㎖
製菓用ホワイトチョコレート…25g
無塩バター…10g
強力粉…20g
薄力粉…35g
抹茶…5g
きび砂糖…95g
卵黄…30g
卵白…10g
ラム酒…20g
無塩バター（型に塗る用）…適量

下準備
- チョコは細かく刻んでおく。
- 卵黄と卵白はそれぞれ計量して合わせ、常温に戻しておく。
- 強力粉と薄力粉と抹茶は一緒にふるっておく。

Level
15min
60min
24h

1.　牛乳を手鍋に入れ60度に温め、チョコレートとバターを入れて溶かしておく。

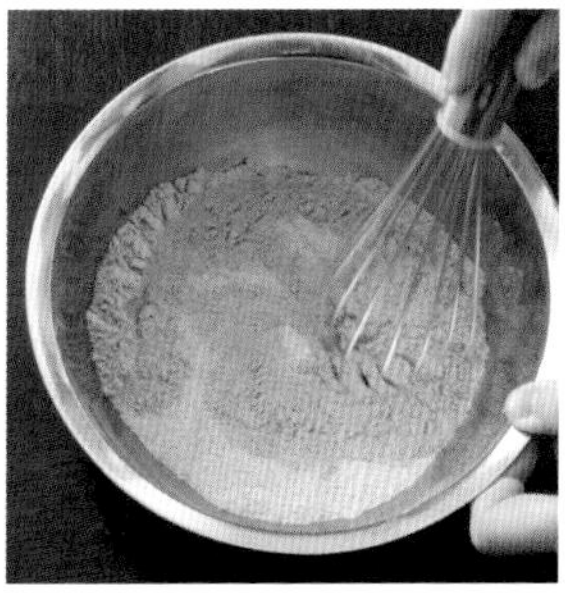

2.　ボウルに強力粉と薄力粉と抹茶、きび砂糖を入れホイッパーでグルグルと混ぜておく。

3.　2に1を一気に入れてホイッパーで混ぜる。

4.　卵を入れて混ぜ、ラム酒を入れて混ぜる。

5.　一度濾してから、24時間以上冷蔵庫で寝かせる。オーブンで焼く1時間前に冷蔵庫から出して常温に戻しておく。

6.　オーブンを天板ごと230度に予熱しておく。ゴムベラで生地を静かに均一になじませるように混ぜ、計量カップなどの注ぎやすいものに入れ替える。

7.　型に常温に戻したバターを塗って、8分目～9分目まで注ぐ。オーブンから天板を出して、生地が入った型をのせ、220度で20分焼き、オーブンの中に入れたまま設定温度を170度に下げて40分焼く。オーブンから出し10分ほどそのまま置いてから、逆さまにして型から取り出す。

MEMO ☰

注意点はプレーンのカヌレと同様です。熱い天板に生地が入ったシリコン型を移動させるのは難しいですが、生地がこぼれないよう天板のすぐそばに型を置き、水平移動させる感じでやってみてください。

p.11 →

ピスタチオカヌレ

材料 ― シリコンフレックスカヌレ型スモール 18ヶ付 18個分

牛乳…250㎖
無塩バター…10g
強力粉…25g
薄力粉…40g
グラニュー糖…95g
卵黄…30g
卵白…10g
ピスタチオペースト…25g
キルシュ…20g
無塩バター（型に塗る用）…適量

下準備

- 卵黄と卵白はそれぞれ計量して合わせ、常温に戻しておく。
- 強力粉と薄力粉は一緒にふるっておく。

★★★ Level
15min
60min
24h

1. 牛乳を手鍋に入れ、60度に温め、バターを入れて溶かしておく。

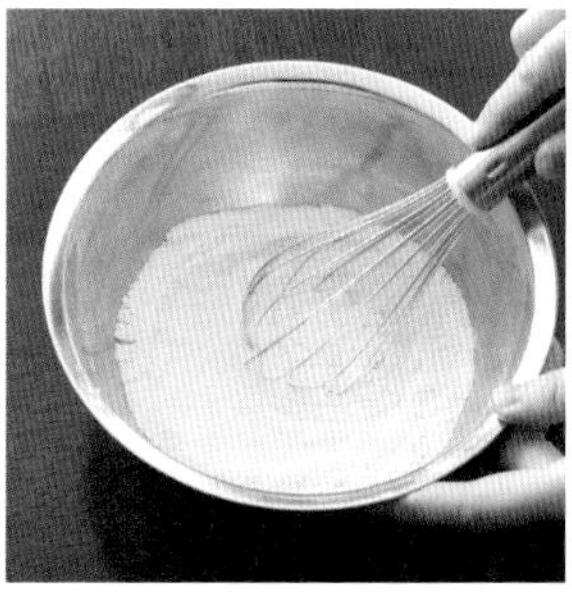

2. ボウルに強力粉と薄力粉、グラニュー糖を入れ、ホイッパーでグルグルと混ぜておく。

3. 2に1を一気に入れホイッパーで混ぜる。

4. 卵にピスタチオペーストを加えて混ぜる。

5. 4を3に加えて混ぜ、キルシュを入れて混ぜる。

6. 一度濾してから、24時間以上冷蔵庫で寝かせる。オーブンで焼く1時間前に冷蔵庫から出して、常温に戻しておく。

7. オーブンを天板ごと230度に予熱しておく。ゴムベラで生地を静かに均一になじませるように混ぜ、計量カップなどの注ぎやすいものに入れ替える。

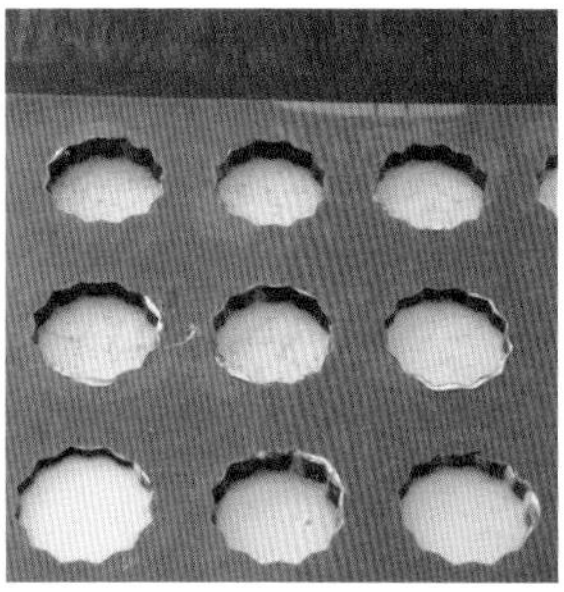

8. 型に常温に戻したバターを塗って、8分目〜9分目まで注ぐ。オーブンから天板を出して、生地が入った型をのせ、220度で20分焼き、オーブンの中に入れたまま設定温度を170度に下げて40分焼く。オーブンから出し10分ほどそのまま置いてから、逆さまにして型から取り出す。

MEMO ☰

ピスタチオペーストがダマっぽくなりますが、濾して寝かせれば馴染みます。

ガレットブルトンヌ

発酵バターの風味豊かなサクホロッとした厚焼きクッキーで、ラム酒の香りもほんのり加えました。セルクルがない方はサイズを合わせて生地を抜いて、アルミカップやマフィン型に入れて焼いても大丈夫です。

← p.18

p.17 →

1. バターをホイッパーでクリーム状にして、粉糖と塩を入れて混ぜる。

2. 卵黄を入れて混ぜ、ラム酒とバニラビーンズペーストを入れて混ぜる。

3. Aを加え、粉気がなくなるくらいまで混ぜる。このとき練らないようにする。

7. セルクルよりひとまわり小さい型（写真はパテ抜き型の58㎜）で型抜きする。２番生地、３番生地も同様に行う。

8. 6の卵液でドレする。セルクルにつかないよう、生地の縁の部分を少し空けて円を描くようにまんべんなく塗る。冷蔵庫で15分ほど乾かす。

9. シルパンを敷いた天板に並べて再びドレする。

ガレット ブルトンヌ

材料― 直径６㎝のセルクル７個分

- 無塩発酵バター…１００g
- 粉糖…60g
- 塩…ひとつまみ
- 卵黄…25g
- ラム酒…小さじ1
- バニラビーンズペースト…2g
- A
  - 薄力粉…90g
  - アーモンドプードル…20g
  - ベーキングパウダー…0.5g
- 卵黄（ドレ用）…1個
- 牛乳（ドレ用）…小さじ1/2

✶✶
Level

20min

30min

13.25h

4. ラップに包んで、ひと晩寝かせる。

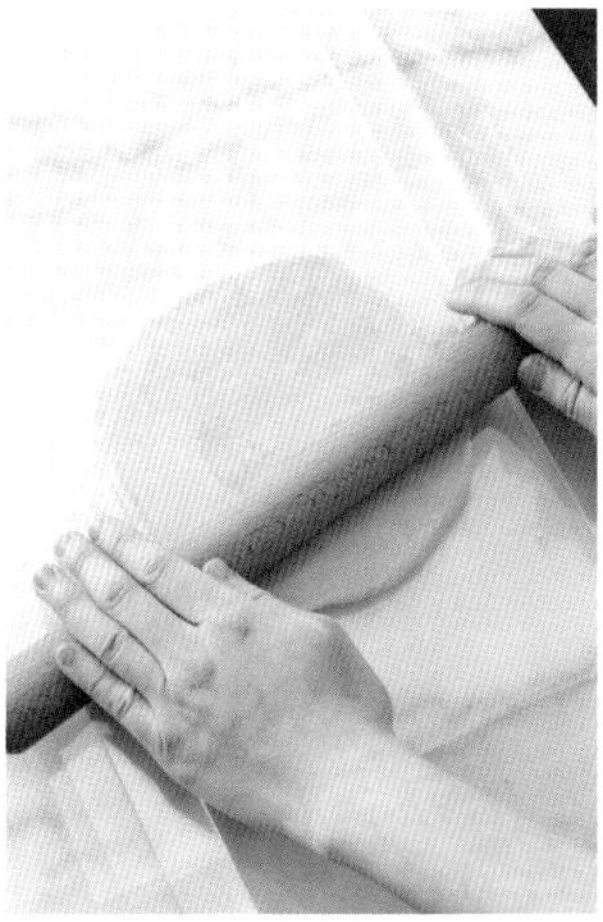

5. もみまとめた生地を1.3cmの厚さに伸ばし、1時間ほど冷蔵庫に入れる。

6. ドレ（焼き上がりにツヤを出すため、生地に卵液を塗ること）用に卵黄と牛乳を混ぜておく。

10. フォークで模様をつける。

11. セルクルをはめて、170度に予熱したオーブンで30分焼く。粗熱がとれたらセルクルを外す。

下準備
• Aは一緒にふるっておく。
• 粉糖はふるっておく。
• バターと卵黄25gは常温に戻しておく。

MEMO ☰

生地の厚みは、1.3cmが個人的にはベストだと思います。柔らかい生地なので、クッキングシートに挟んで伸ばすと作業しやすいです。柔らかくなって作業しづらくなったら、その都度冷蔵庫でしっかり冷やしましょう。

ピスタチオフィナンシェ

しっかりとピスタチオの味が楽しめるお菓子が作りたいと思って考えたレシピです。材料費が高めなので贅沢なお菓子ですが、損はさせないレシピにできたと思います。手土産に持っていくとすごく喜ばれます。

★★
Level

20min

18min

材料 ― オーバル型（80〈71〉×51〈42〉×高さ17㎜）
8個分

A
粉糖…90g
薄力粉…30g
ベーキングパウダー…1g
ピスタチオパウダー
（アーモンドプードルでもOK）
…40g

無塩発酵バター…90g
卵白…90g
ピスタチオペースト…50g
ピスタチオ…16粒

下準備
- Aは一緒にふるっておく。
- ピスタチオは刻んでおく。
- オーブンは天板ごと180度に予熱しておく。

1. Aをボウルに入れ、ホイッパーでグルグルと混ぜる。

2. バターを手鍋に入れて焦がし、それ以上焦げつかないようにボウルに張った水に鍋底をあてて色止めしておく。

3. 卵白とピスタチオペーストをボウルに入れ、泡立たないように混ぜながら湯煎して40度にする。

4. 1に3を入れて混ぜる。

5. 2の焦がしバターを40度にしてから4と混ぜる。

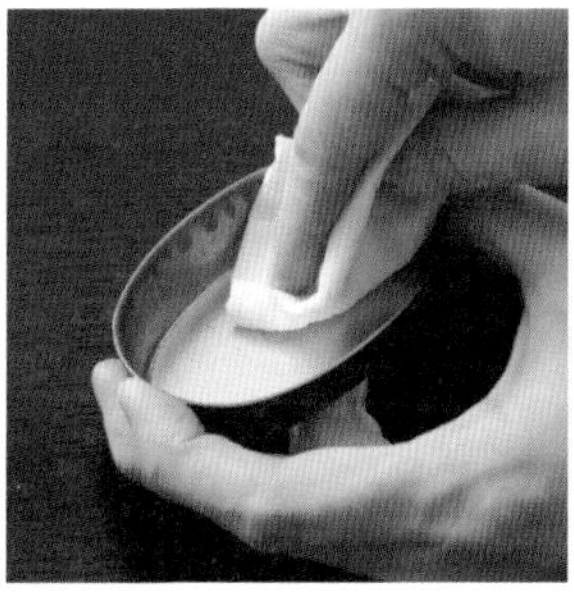

6. オーバル型に油脂（バターや米油など）を塗っておく。

7. 型に生地を入れる。

仕上げ

8. 1個につきピスタチオを2粒分ずつ散らす。180度のオーブンで、18分焼く。

MEMO ☰

卵白とピスタチオペーストは混ぜるとブヨブヨな状態で心配になりますが、湯煎すると馴染んでくるので安心してください。ピスタチオの風味を際立たせたいので焦がしバターは薄めで大丈夫です。

キャラメルショートブレッドサンド

作り置きのキャラメルクリームをサンドしてみたらおいしくて作るようになったレシピ。

サクサクした素朴なショートブレッドに少しほろ苦いキャラメルクリームがぴったり。

★★
Level

30min

12min

12h

材料 — 8個分

【ショートブレッド】
無塩バター…80g
グラニュー糖…40g
塩…ひとつまみ
薄力粉…120g

【キャラメルクリーム】
グラニュー糖…100g
生クリーム
（動物性47％前後）
…100g
有塩バター…15g

下準備
・薄力粉ふるっておく。
・バター80gは常温に戻しておく。
・オーブンは170度に予熱しておく。

ショートブレッド

1. バターをボウルに入れ、ホイッパーですり混ぜる。グラニュー糖と塩を加えてゆっくりすり混ぜる。

2. 薄力粉を加え、ゴムベラで軽くまとめてから手でひとまとめにする。

3. 2の生地を1㎝厚に伸ばす。

4. 直径約4㎝の丸型で抜く。シルパンを敷いた天板に並べ、170度のオーブンで12分焼く。

キャラメルクリーム

5. 手鍋にグラニュー糖を入れ、焦がして火を止める。レンジで30秒ほど加熱した生クリームを3回に分けて入れてゴムベラで混ぜる。

6. 混ざったらバターを加えて溶かし、再び火をつけて弱火にし、軽く煮詰める。

7. 容器に入れ、粗熱がとれたら冷蔵庫に入れておく（できればひと晩くらい）。

仕上げ

8. ショートブレッドにキャラメルクリームをサンドする。

MEMO ☰

キャラメルクリームはたくさんできるので他のお菓子に使ったり、トーストに塗ったりしても◎。冷蔵庫で保管してください。

ほうじ茶ティグレ

本来のティグレはフィナンシェ生地にチョコチップを入れて焼き、ガナッシュを絞りますが、ほうじ茶を入れてアレンジしてみました。しっかりと風味を効かせたほうじ茶とホワイトチョコのガナッシュが合います。

← p.26

ソルトキャラメルナッツタルト

冷凍しておいたタルト生地、ダマンド、少しだけ余った生クリーム、ナッツをすべて使いきりたい！ ということで作ったタルト。予想以上に好評だったので、さらに見た目や味が完璧になるよう調整したレシピです。

← p.28

ほうじ茶ティグレ

材料―シリコマート ミディアムリンゴット 10個分

【フィナンシェ】

A
- 粉糖…100g
- アーモンドプードル…45g
- 薄力粉…40g
- ベーキングパウダー…2g

茶葉（ほうじ茶）…4g
無塩バター…110g
卵白…110g
転化糖…10g

【ガナッシュ】

製菓用ホワイトチョコレート…30g
有塩バター…2g
生クリーム（動物性47%前後）…15g
水あめ…1g

フィナンシェ

1. Aと茶葉をボウルに入れ、ホイッパーでグルグルと混ぜる。

2. バターを手鍋に入れて焦がし、それ以上焦げつかないように鍋底をボウルに張った水にあてて色止めしておく。

3. 卵白と転化糖をボウルに入れ、泡立たないように混ぜながら湯煎して40度にする。

7. 油脂を塗った型に生地を入れる。200度のオーブンで15分焼き、冷ましておく。

ガナッシュ

8. ボウルに刻んだホワイトチョコレートとバターを入れておく。

9. 生クリームと水あめを20秒間ほど電子レンジで温めたら8のボウルに入れてしっかり混ぜる。

✶✶
Level

25min

15min

下準備

・茶葉をミルサーなどで細かくする（ティーバッグの中身ならそのままでOK）。
・Aは一緒にふるっておく。
・オーブンは天板ごと200度に予熱しておく。

4.　1に3を入れて混ぜる。

5.　2の焦がしバターを40度にしてから4と混ぜる。

6.　写真のように絞り袋を計量カップなどに入れてから生地を移す。

10. ガナッシュを絞り袋に入れてフィナンシェのくぼんだ部分に絞る。

MEMO ☰

スプーンなどで型に生地を入れることもできますが、レシピのように絞り袋を使ったほうがきれいに入れられます。仕上げに銀箔をあしらうとぐっとおめかしした雰囲気に。

p.25 →

ソルトキャラメルナッツタルト

材料ー18cmタルト型（上径190mm、底径170mm、高さ24mm）1台分

【タルト生地】
無塩バター…75g
粉糖…55g
塩…ひとつまみ
全卵…30g
薄力粉…130g
アーモンドプードル…15g

【ダマンド（アーモンドクリーム）】
無塩バター…30g
バニラビーンズペースト…2g
粉糖…30g
全卵…30g
アーモンドプードル…35g

【フィリング】
無塩バター…50g
生クリーム（動物性47%前後）…50g

タルト生地

1. バターをホイッパーですり混ぜる。粉糖と塩を加え粉っぽさがなくなるまでゆっくりすり混ぜる。

2. 全卵を2回ぐらいに分けて加え、その都度しっかり混ぜる。

3. 薄力粉とアーモンドプードルを加え、ゴムベラでさっくりと混ぜる。

4. 写真のようにひとまとめにできたら、生地を取り出し、ラップに包む。

5. 写真のように均等に生地を伸ばし、冷蔵庫でひと晩寝かせる。

ダマンド

6. バターをホイッパーですり混ぜる。バニラビーンズペーストを入れて混ぜる。粉糖を加え、粉っぽさがなくなるまでゆっくりすり混ぜる。

7. 全卵を3回ぐらいに分けて加え、その都度しっかり混ぜる。

8. アーモンドプードルを加え、ゴムベラで均一になるまで混ぜる。冷蔵庫で1時間寝かせる。

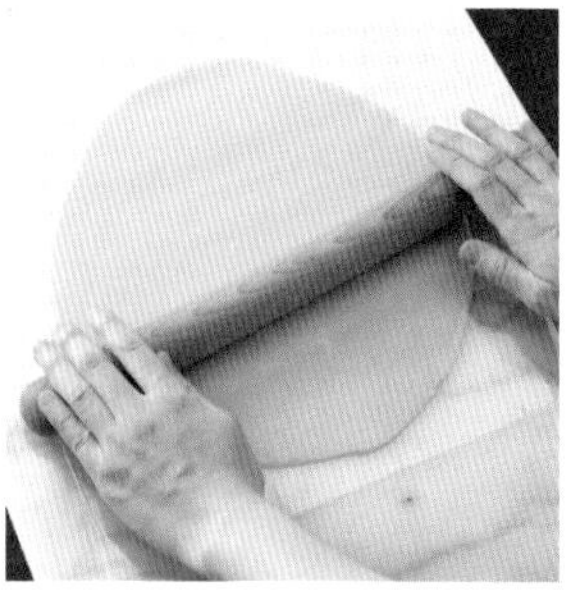

9. タルト生地をもみまとめてから3mm厚に伸ばし、冷蔵庫で30分寝かせる。

グラニュー糖…50g
蜂蜜…20g
スライスアーモンド…60g
ホールアーモンド…40g
塩（フルール・ド・セル）…0.7g

下準備

- バターと全卵は常温に戻しておく。
- タルト生地の粉糖をふるっておく。アーモンドプードルと薄力粉は一緒にふるっておく。
- ダマンドの粉糖とアーモンドプードルもふるっておく。
- ホールアーモンドは160度で10分ローストしておく。

Level
35min
35min
14h

10. タルト型を準備する。底が焼けにくいときは底の部分を抜いておくとしっかり焼ける。

11. 生地をタルト型にしっかり敷き込んで、再び冷蔵庫で30分寝かせる。はみ出た部分をペティナイフなどでカットしておく。

12. タルト生地にダマンドを入れ、180度に予熱したオーブンで15分焼く。

フィリング

13. 焼いている間にフィリングを作る。手鍋にバター、生クリーム、グラニュー糖、蜂蜜を入れ火にかけ112度まで煮詰める。

14. 火を止め、スライスアーモンドとホールアーモンドを加えて混ぜる（このときできるだけタルトの焼き上がりと同時に仕上がるようにする）。

15. 焼き上がった生地の上にフィリングを流し込み、180度でさらに20分焼く。

16. オーブンから取り出し、仕上げにフルール・ド・セルをまんべんなくかける。

MEMO

外側はさっくり、中心に向かってねっとりとする食感の違いを楽しんでもらいたいレシピ。フルール・ド・セルが味のアクセントになっています。

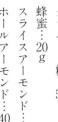

バスクチーズケーキ

高温で短時間で焼き上げた表面は真っ黒焦げで中は滑らかな不思議なチーズケーキ。
3種類とも焼きすぎても焼きが甘くてもおいしくなるように考えてあるので、慣れたらお好みの焼き加減で楽しんでみてください。

← p.32

抹茶バスクチーズケーキ

← p.33

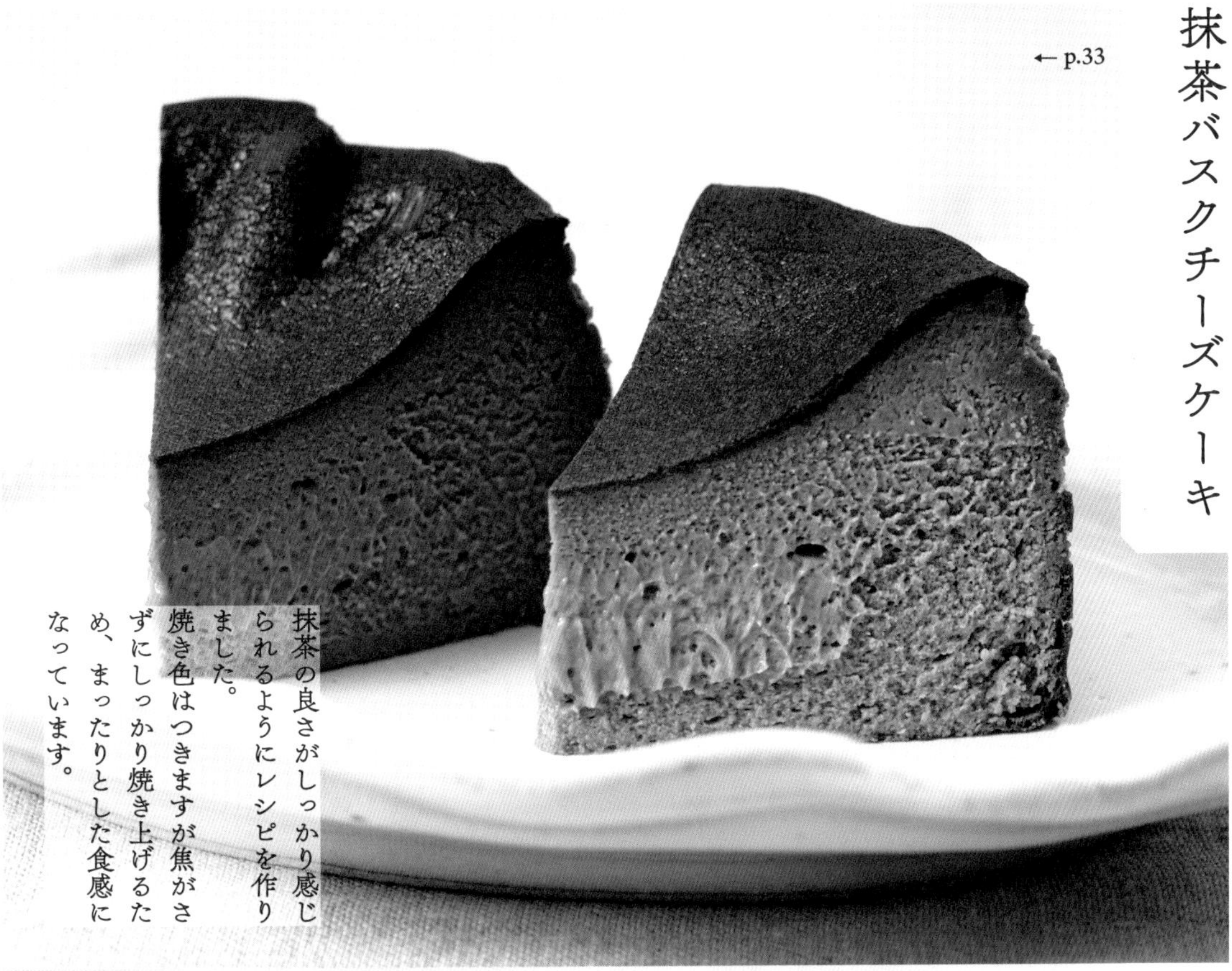

抹茶の良さがしっかり感じられるようにレシピを作りました。焼き色はつきますが焦がさずにしっかり焼き上げるため、まったりとした食感になっています。

バスクチーズケーキショコラ

← p.34

チーズとチョコがちょうど半々で感じられるようなバランスで作ったレシピ。こちらはあまり焦がさず、中心もトロッとなるように仕上げてあります。

p.30 →

バスクチーズケーキ

材料 — 12cmデコ型（約120径×高さ60mm）1台分

クリームチーズ…200g
グラニュー糖…63g
全卵…103g
卵黄…12g
生クリーム（動物性47%前後）…115g
コーンスターチ…6g

下準備

- クリームチーズ、全卵、卵黄、生クリームをそれぞれ常温に戻しておく。
- オーブンは天板ごと250度に予熱しておく。

Level
15min
19min
12h

1. クリームチーズをボウルに入れ、ゴムベラで滑らかにする。

2. グラニュー糖を加えゴムベラで混ぜる。

3. 全卵と卵黄を3回ぐらいに分けて入れ、その都度ホイッパーで混ぜる。

4. 生クリームを入れて混ぜ、コーンスターチをふるいながら入れて混ぜる。

5. ダマが残っていそうなら生地を一度濾す。

6. 水に濡らしてギュッと絞ったクッキングシートを型に敷く。

7. 型に生地を流し入れ、250度のオーブンで19分焼く。ひと晩冷蔵庫で冷やす。

MEMO ☰

レシピのサイズの型で焼いてください。クリームチーズと卵と生クリームはしっかり常温に戻しましょう（20度くらい）。ひと晩冷やすことでカットしやすくなり、絶妙な硬さになります。

p.31 →

抹茶バスクチーズケーキ

Level

15min

22min

12h

材料ー
12cmデコ型（約120径×高さ60mm）1台分

クリームチーズ…200g
グラニュー糖…63g
全卵…103g
卵黄…12g
抹茶…15g
生クリーム
（動物性47%前後）
…115g

下準備

- クリームチーズ、全卵、卵黄、生クリームをそれぞれ常温に戻しておく。
- オーブンは天板ごと230度に予熱しておく。

1. クリームチーズをボウルに入れ、ゴムベラで滑らかにする。

2. グラニュー糖を加えゴムベラで混ぜる。

3. 全卵と卵黄を3回ぐらいに分けて入れ、その都度ホイッパーで混ぜる。

4. 抹茶をふるいながら加えて混ぜる。

5. 生クリームを入れて混ぜる。

6. 生地を一度濾す。もったりした生地なので、ゴムベラなどで少し押し込むとよい。

7. 水に濡らしてギュッと絞ったクッキングシートを型に敷いて生地を流し入れる。230度のオーブンで22分焼く。冷蔵庫でひと晩冷やす。

MEMO ☰

レシピのサイズの型で焼いてください。混ぜるときは、底にホイッパーをあてながら混ぜる感じで、決して泡立てないように注意が必要。クリームチーズと卵と生クリームはしっかり常温に戻しましょう。

p.31 →

バスクチーズケーキショコラ

材料 — 12cmデコ型（約120径×高さ60mm）1台分

生クリーム（動物性47%前後）…115g
製菓用スイートチョコレート…50g
クリームチーズ…200g
グラニュー糖…50g
全卵…103g
卵黄…12g
ココア…15g

下準備

- クリームチーズ、全卵、卵黄をそれぞれ常温に戻しておく。
- チョコレートは細かく刻んでおく。
- オーブンは天板ごと230度に予熱しておく。

✶ Level
15min
20min
12h

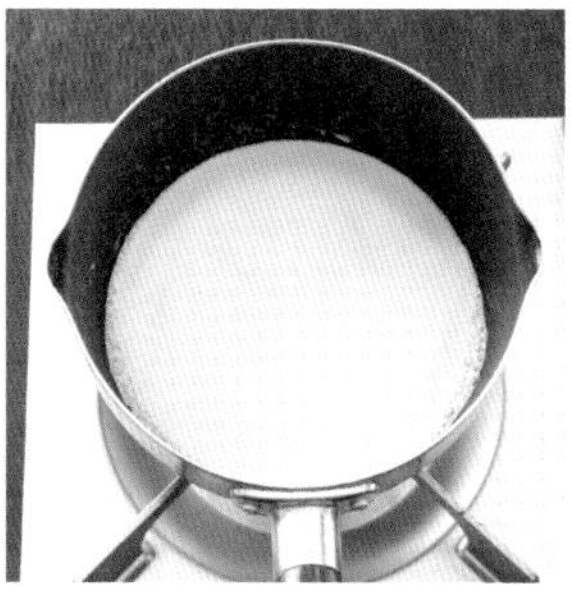

1. 手鍋に生クリームを入れ、周りがふつふつするくらいまで加熱して火を止める。

2. チョコレートを加え、余熱で溶かしてしっかり混ぜておく。

3. クリームチーズをボウルに入れゴムベラで滑らかにしてから、グラニュー糖を加えて混ぜる。

4. 3に全卵と卵黄を3回ぐらいに分けて入れ、その都度ホイッパーで混ぜる。

5. 4に2を入れて混ぜる。

6. ココアをふるいながら加え、混ぜる。

7. 生地を一度濾す。

8. 水に濡らしてギュッと絞ったクッキングシートを型に敷いて生地を流し入れる。230度のオーブンで20分焼く。冷蔵庫でひと晩冷やす。

MEMO

レシピのサイズの型で焼いてください。クリームチーズと卵はしっかり常温に戻しましょう（20度くらい）。230度20分以上は焼かないのがポイント。これで一度焼いてから、オーブンに合わせて調整してみてください。

りんごのクランブルタルト

りんごは先にキャラメリゼして煮てからタルトと一緒に焼き込むので、ねっとりとした食感になるのがお気に入りのレシピです。大きなタルト型で焼くとクランブルもたくさんのるのでそちらもおすすめです。

← p.36

p.35 →

りんごのクランブルタルト

材料―7㎝のタルトリング8個分

【タルト生地】
無塩バター…75g
粉糖…55g
塩…ひとつまみ
全卵…30g
薄力粉…130g
アーモンドプードル…15g

【りんごキャラメリゼ】
りんご…1個
グラニュー糖…25g
有塩バター…10g

【ダマンド】
無塩バター…50g
バニラビーンズペースト…3g
粉糖…50g
全卵…50g
アーモンドプードル…60g

タルト生地

1. バターをホイッパーですり混ぜる。粉糖と塩を加え、粉っぽさがなくなるまでゆっくりすり混ぜる。

2. 全卵を2回ぐらいに分けて加え、その都度しっかり混ぜる。

3. 薄力粉とアーモンドプードルを加え、ゴムベラでひとまとめにし、ラップで包んで冷蔵庫でひと晩寝かせる。

りんごキャラメリゼ

4. りんごは16等分に切る。

5. フライパンにグラニュー糖を入れて中火にかけ、カラメル状になったらりんごを加える。

6. 弱火で炒めてりんごが柔らかくなったら、バターを入れて絡め、火を止め冷ましておく。

ダマンド

7. バターをホイッパーですり混ぜる。バニラビーンズペーストを入れて混ぜる。粉糖を加え、粉っぽさがなくなるまでゆっくりすり混ぜる。

8. 全卵を3回ぐらいに分けて加え、その都度しっかり混ぜる。

9. アーモンドプードルを加えゴムベラで均一になるまで混ぜる。冷蔵庫で1時間寝かせる。

★
★★
Level

45min

35min

14h

【クランブル】
無塩バター…20g
A
薄力粉…30g
アーモンドプードル…10g
上白糖…20g

ピスタチオ…適量

下準備
・バターと全卵は常温に戻しておく。
・タルト生地の粉糖をふるっておく。アーモンドプードルと薄力粉は一緒にふるっておく。
・ダマンドの粉糖とアーモンドプードルをふるっておく。
・クランブルのバター20gは5mm角にカットしてよく冷やしておく。
・クランブルのAを一緒にふるっておく。

クランブル

10. バターは5mm角にカットして、よく冷やしておく。Aをボウルの中で手でザッと混ぜる。

11. バターを入れ、手でバターを潰しながらそぼろ状にポロポロにして、冷蔵庫で冷やしておく。

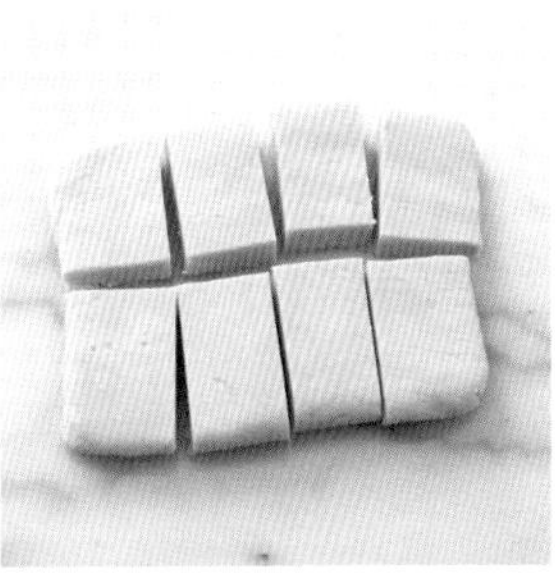

12. タルト生地をもみまとめてから8等分にする。

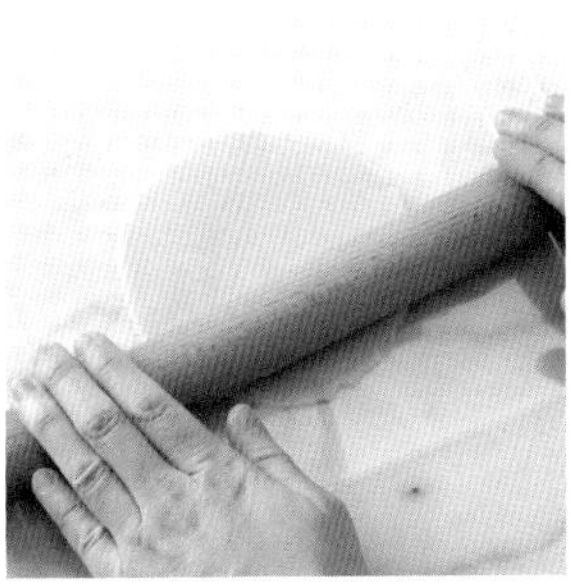

13. それぞれ3mm厚に伸ばし、冷蔵庫で30分寝かせる。

14. 生地を型にしっかり敷き込んで、再び冷蔵庫で30分寝かせる。

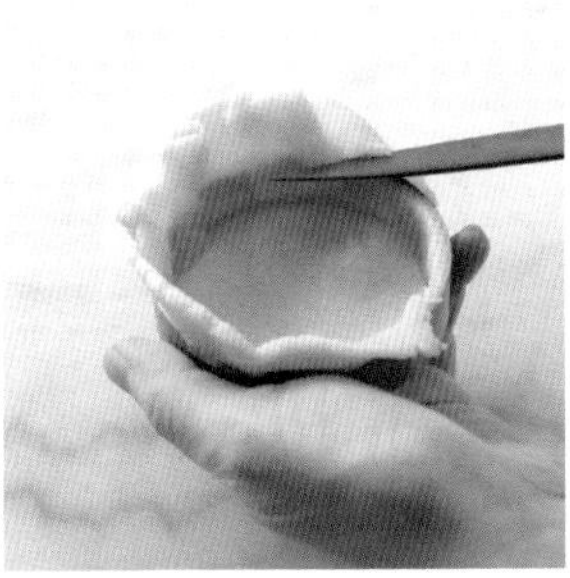

15. はみ出た部分をペティナイフなどでカットしておく。

16. シルパンを敷いた天板にタルトリングに敷き込んだ生地を並べて、中にダマンドを詰める。

17. それぞれに、りんご2切れとクランブルをのせ、刻んだピスタチオを散らす。170度に予熱したオーブンで35分しっかり焼く。

MEMO ☰

型はお好きな型で焼いてOKです。どの型を使っても、タルト生地が茶色くなるまで温度はそのままでしっかり焼き込んでください。

ショコラマドレーヌ

海外の、型の形にチョコレートでコーティングされているマドレーヌの美しさに一目惚れし、どうやったらマドレーヌの金属型からパカッと外れるのかを約1年間作り続けて試行錯誤した思い入れのあるレシピです。

Level
30min
10min
1h

材料—松永製作所マドレーヌシェル型8個分

A
- 薄力粉…45g
- グラニュー糖…35g
- ベーキングパウダー…1.5g
- アーモンドプードル…5g

全卵…40g
蜂蜜…15g
無塩バター…50g
お好きな製菓用チョコレート…100g

下準備
- Aを一緒にふるっておく。
- 全卵は常温に戻しておく。

1. Aの材料を入れたボウルに全卵を加え、ホイッパーで混ぜる。混ざったら蜂蜜も入れ、馴染むまで混ぜる。

2. 湯煎で溶かしたバターの温度を40〜45度にして、3回に分けて入れ、その都度混ぜる。生地を冷蔵庫で最低1時間寝かせる。

3. 生地を冷蔵庫から取り出し、常温に戻している間に型に油脂を塗る。

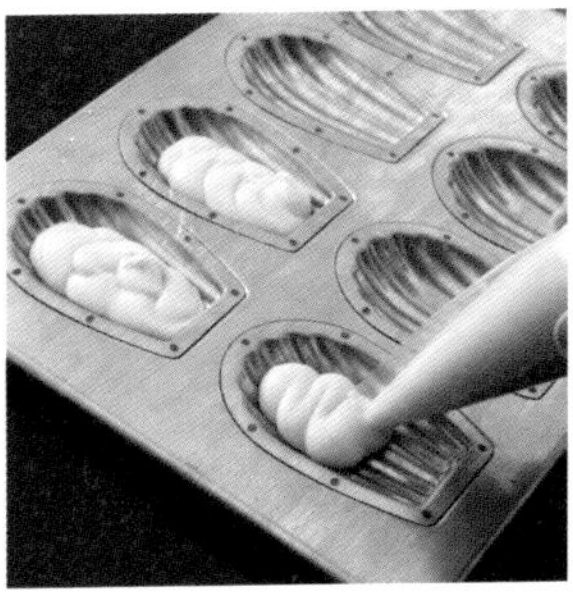

4. 生地を絞り袋に入れて型に絞る。天板ごと190度に予熱したオーブンで10分焼き、型から取り出す。しっかり中心まで冷ます。型は洗い、しっかり水気を拭いて乾かしておく。

5. チョコレートをテンパリングし、型にティースプーン2杯分くらい入れ、縁まで軽く伸ばす。

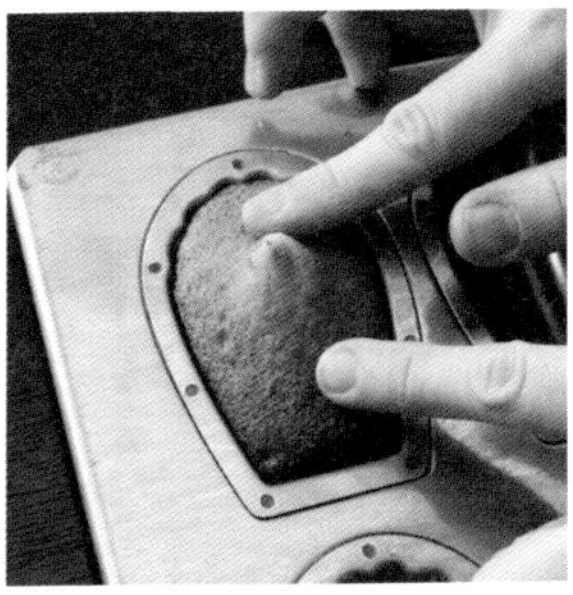

6. マドレーヌを型に戻し、上から軽く押さえる（ここで押さえすぎると表面のコーティングが薄くなるので注意。もし縁からチョコレートがあふれてしまったら、取っておいたほうがきれいに仕上がる）。

7. 冷凍庫に入れて15分くらい置く。冷凍庫から取り出し、マドレーヌを型から外す（外れにくい場合はもう一度冷凍庫で冷やしてから外す）。

MEMO ☰

チョコレートコーティングはマドレーヌを焼いた翌日にするのがおすすめ。テンパリングは少量なので私はマイクリオを使っています。コーティングチョコレートを使って溶かすだけでもOKです。

クロッカン

パイシートの切れ端を使って何か簡単でおいしいものはできないかな、と思って考えたレシピです。

クロッカンはフランス語でカリカリッとしたという意味。名前通りカリカリッとしっかり焼き上げましょう。

Level
10min
25min

材料 — マフィン型（内寸直径73（54）×高さ28㎜）6個分

無塩バター…10g
グラニュー糖…18g
パイシート…180g
ブラウンシュガー…20g
お好きなナッツ…45g
シナモン…お好みで

下準備

・バターは常温に戻しておく。
・ナッツは160度で10分ローストしておく。
・オーブンは天板ごと190度に予熱しておく。

1. マフィン型にバターを塗る。

2. 底一面にグラニュー糖を入れる。

3. 半解凍したパイシートを1㎝角に切ってビニール袋に入れる。

4. ブラウンシュガー、2等分ぐらいにカットしたナッツ、シナモンを入れ、シャカシャカ軽くもみ込みながら、砂糖をパイシートにまぶす。

5. 2の上に4をのせる。

6. 手で軽く押しつけてから190度のオーブンで25分焼く。焼けたら10分ほど置いてから型から取り出し、完全に冷ます。

MEMO ☰

型はオーブンに対応しているアルミカップなどでも代用できます。その場合、温度はそのままで時間だけ調整してください。

道具について1

日々のお菓子づくりに欠かせない道具。ここでは型やオーブン関係のものなどを紹介します。

きれいに焼けるお気に入りの型

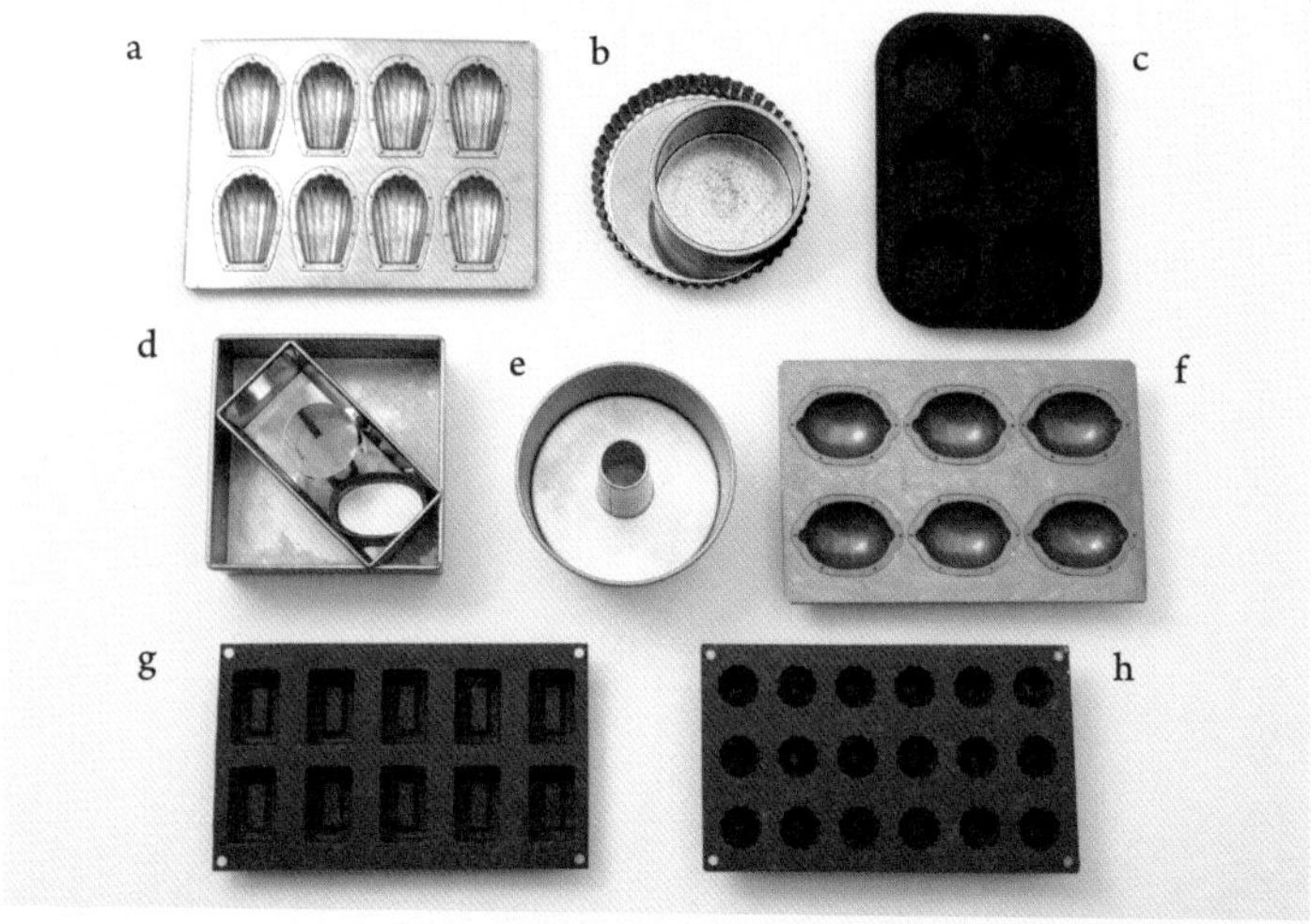

お菓子を焼くときに欠かせないものたち

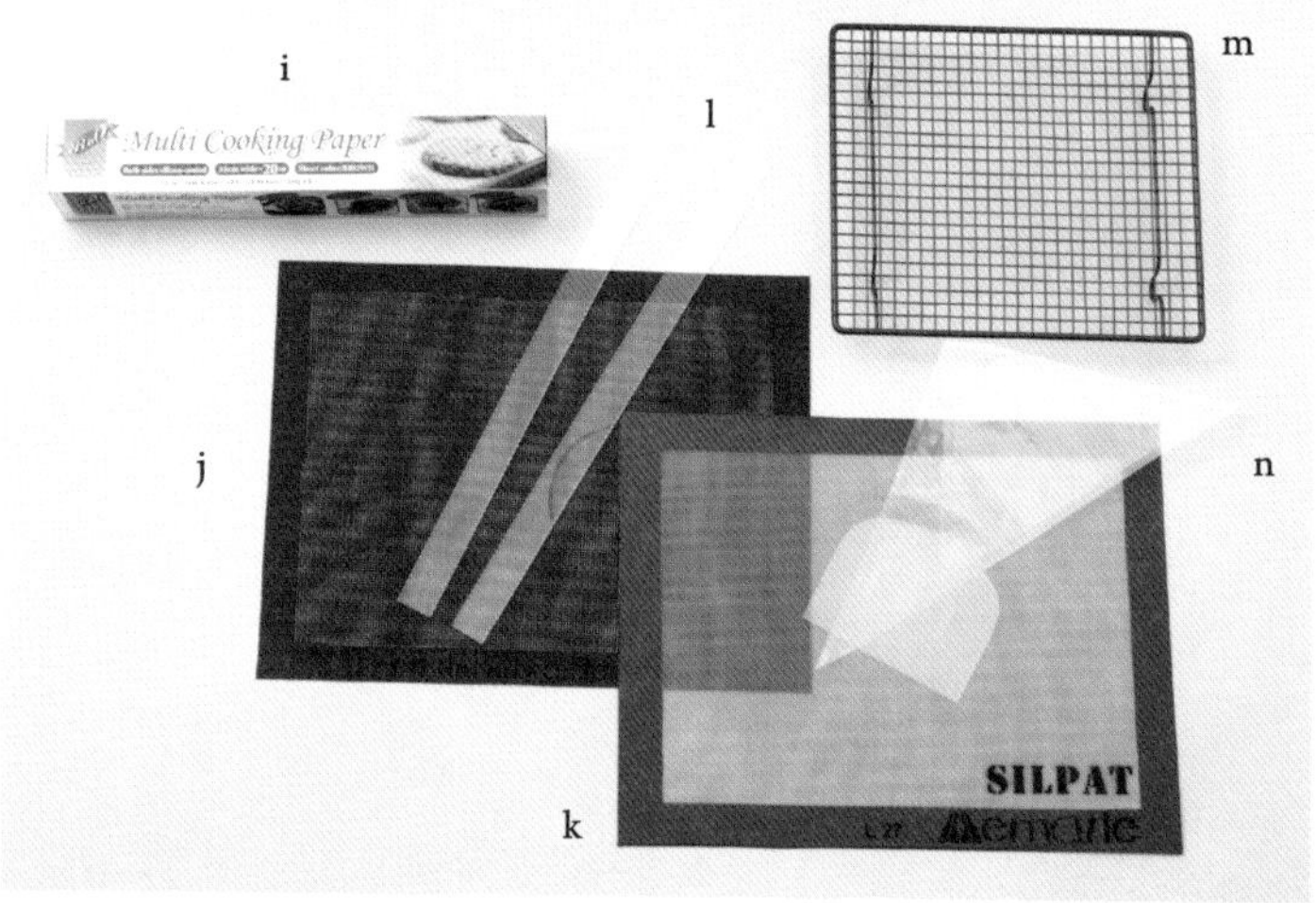

a. マドレーヌ型

松永製作所の型。型離れがいいのと、くっきりと縦のラインが出るのがお気に入りポイント。きれいな焼き色がつきます。

b. タルト型とケーキ型

小さめのケーキ型はバスクチーズケーキ型専用にして使っています。タルト型は底が抜けるタイプのものがおすすめ。

c. マフィン型

ブラックシリコンで加工してあるマフィン型を使っています。熱伝導率がよく、焼きムラが出にくい気がします。

d. パウンド型、ケーキ型、フィナンシェ型、セルクル

ブラウニーなど四角いお菓子にしたい時に使う四角いケーキ型に、プリンで使ったパウンドケーキ型。セルクルはガレットブルトンヌで使用。フィナンシェ型はオーソドックスな長方形の形ではなく、楕円形なのがお気に入りです。

e. シフォンケーキ型

オーソドックスなタイプのシフォンケーキの型。アールグレイシフォン、バジルシフォンで使っています。

f. レモンケーキ型

千代田金属の型。型で実際に焼いたお菓子のフォルムも見て決めます。仕上がりの形がかわいらしくてお気に入り。

g. ティグレ型

シリコマートのものを使っています。隣のカヌレと同様ですがシリコン製なのでお手入れしやすくて気に入ってます。

h. カヌレ型

シリコマートのもの。小さいカヌレ用の金属の型がなかったことで使いはじめました。取り出しもしやすいです。

i. クッキングシート

いつも使っているクッキングシート。両面にシリコン加工がしてあり、はがれやすく、生地を伸ばすときにも使用。

j. シルパン

メッシュ状になっているので穴から余分な水分や油分が落ちて便利。クッキーなどをサクサクに仕上げたいときに。

k. シルパット

表面がつるっとしているので、焼き上がったお菓子がはがしやすく、火の通りが均一になるので愛用しています。

l. ルーラー

生地の厚みを測るもの。3㎜、5㎜、1㎝などの厚さがあり、生地の両端に置いて作業するとぴったりの厚さにできます。

m. ケーキクーラー

両面がシリコン樹脂でコーティングされている耐熱性と耐水性があり丈夫です。小さなクッキーものせやすいです。

n. 絞り袋、ドレッジ

絞り袋は、20枚入りくらいの100均の使い捨てのものを使用。ドレッジはシルパンと同じくマトファーというメーカーのもの。

PART. 2

おやつにうれしい地味菓子

レモンケーキ

レモン果皮と果汁をたっぷり使い、香りを前面に押し出したレモンケーキ。生地のしっとり感とグラスアローのパリッと感にこだわりました。日が経つとパリッと感が消えてしまうのでお早めにどうぞ。

★★★ Level
25min
18min

材料 ― 千代田金属のレモンケーキ型6個分

無塩バター…60g
全卵…70g
グラニュー糖…45g
転化糖…10g
A
- 薄力粉…45g
- アーモンドプードル…10g
- ベーキングパウダー…1g

レモン果皮…1個分
レモン汁…20g

【グラスアロー】
粉糖…75g
レモン汁…15g

下準備

- レモンの皮を削り、果汁も搾っておく。
- Aは一緒にふるっておく。
- グラスアローの粉糖をふるっておく。
- オーブンは天板ごと170度に予熱しておく。

1. バターを湯煎で溶かし50度に保っておく。

2. ボウルに全卵、グラニュー糖、転化糖を入れ湯煎して人肌ぐらいまで温め、ハンドミキサーで泡立てる。

↓

生地がもったりしてホイッパーから落ちた跡が少し残るくらいが目安。

3. 2にAを入れ、ゴムベラでさっくり混ぜる。

4. 3にレモンの皮と果汁を入れて混ぜ、1のバターを加えてさっと混ぜる。

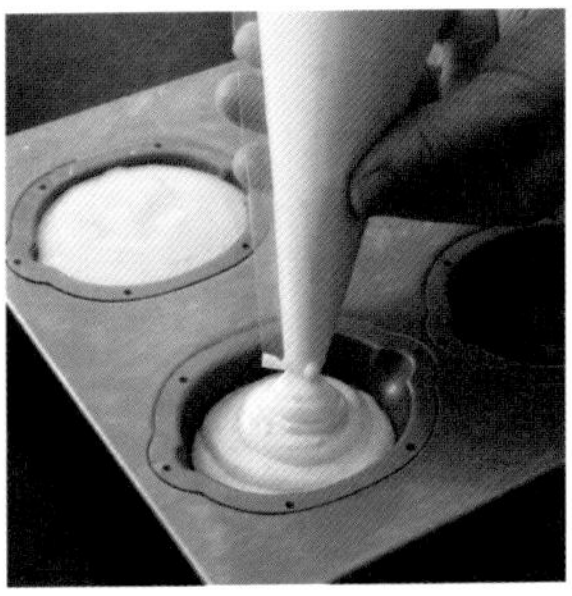

5. 油脂を塗った型に生地を均等に入れる（口金なしの絞り袋で入れると入れやすい）。170度のオーブンで16分焼き、型から取り出ししっかり冷ましておく。

グラスアロー

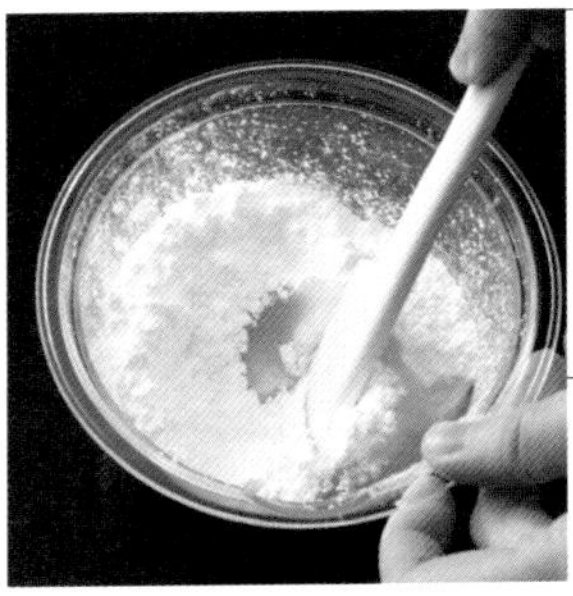

6. 小さめのボウルに粉糖を入れ、レモン汁を加えてしっかり混ぜる。

7. 冷めたレモンケーキの表面にグラスアローをつける。網の上にのせ200度のオーブンで1分半〜2分くらい表面に軽く透明感が出るまで焼いてオーブンから出す。表面がパリッとするまで乾かす。

MEMO

焼き上がった生地は柔らかくすぐ潰れてしまうので、型出しは慎重に行ってください。

ビスコッティ

ガリガリとした硬い食感がビスコッティの代名詞ですが、食べやすいほどよい硬さになるように調整したレシピです。

そのまま食べても、コーヒーに浸して食べてもおいしくて二度楽しめます。

Level
15min
10min
35min

材料 — 8本分

全卵…60g
ブラウンシュガー…50g
太白胡麻油…10g
薄力粉…115g
ベーキングパウダー…小さじ1/2
ホールアーモンド…30g
オレンジピール…20g
製菓用スイートチョコレート…40g

下準備

・薄力粉とベーキングパウダーは一緒にふるっておく。
・アーモンドは160度で10分ローストしておく。
・オーブンは180度に予熱しておく。

1. ボウルに全卵、ブラウンシュガー、太白胡麻油を順番に入れて、その都度ホイッパーで混ぜる。

2. 薄力粉、ベーキングパウダーを加えゴムベラでさっくり混ぜる。

3. 粉気が残っている状態で、アーモンド、オレンジピール、刻んだチョコレートを加えて合わせる。

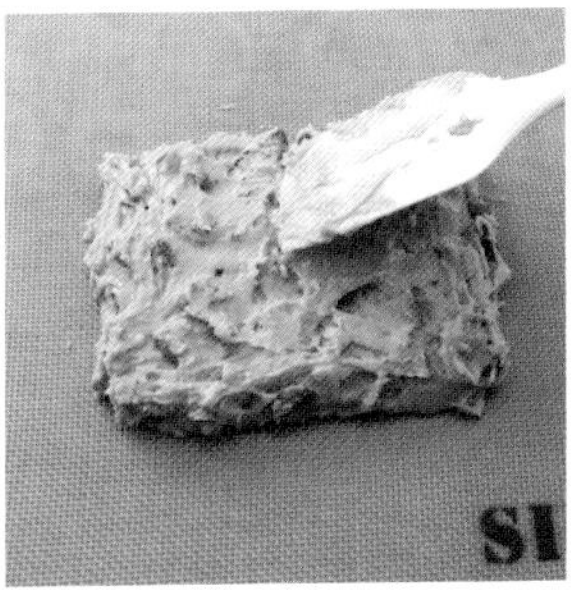

4. 天板にシルパットを敷き、生地を12×15cmぐらいに伸ばす。

5. 180度のオーブンで20分焼き、10分冷ましてから1.5cm厚にカットする。

6. カット面を上にして再び天板にのせて160度で15分焼く。

MEMO

生地は緩めなのでゴムベラで上手に伸ばしてください。くっつくようならゴムベラに油を塗るとよいです。カットするときは少し温かいくらいの状態だとうまく切れます。

生チョコタルト

サクサクとほろ苦いタルト生地に濃厚で口溶けのいい生チョコを流し込んだタルト。キャラメルナッツがアクセントになっています。冬になると食べたくなるので毎年作っていて、ようやく完成したレシピです。

← p.50

ラムレーズンサンド

ラムレーズンバターと合わせることで実力が発揮される甘さ控えめなホロッとしたシナモンクッキー。ラムレーズンバターはしっかり分厚めですが、ホワイトチョコのガナッシュと合わせるので、この量のバランスがちょうどです。

← p.52

p.48 →

生チョコタルト

材料―7㎝のタルトリング8個分

【タルト生地】
無塩バター…100g
粉糖…60g
塩…ひとつまみ
全卵…40g
ココア…20g
薄力粉…150g

【キャラメルナッツ】
お好きなナッツ…50g
グラニュー糖…35g
水…15g
有塩バター…2.5g

【生チョコ】
製菓用スイートチョコレート…150g
生クリーム（動物性35％前後）…85g
水あめ…7.5g
バニラビーンズペースト…1.5g

タルト生地

1. バターをホイッパーですり混ぜる。粉糖と塩を加えて、粉っぽさがなくなるまでゆっくりすり混ぜる。

2. 全卵を2回ぐらいに分けて加え、その都度しっかり混ぜる。

3. ココアと薄力粉を加え、ゴムベラでひとまとめにし、ラップに包み冷蔵庫でひと晩寝かせる。

キャラメルナッツ

4. ナッツを刻む。手鍋にグラニュー糖と水を入れ117度まで熱し、ナッツを加え混ぜる。

5. 混ぜていると結晶化して白くなるが、そのまま加熱しながら混ぜ、キャラメル色になったら、火を止めバターを加え混ぜる。

6. クッキングシートの上に重ならないように並べて冷ましておく。

7. タルト生地をもみまとめてから8等分にし、それぞれ3㎜厚に伸ばし冷蔵庫で30分寝かせる。

8. 生地をしっかり型に敷き込んで、再び冷蔵庫で30分寝かせる。

9. 型からはみ出た部分をペティナイフでカットし、シルパンを敷いた天板に並べる。

Level
45min
20min
13h
1h

下準備
・ココアと薄力粉は一緒にふるっておく。
・粉糖はふるっておく。
・バターと全卵は常温に戻しておく。
・ナッツは160度で10分ローストしておく。

10. 生地の上にアルミカップをのせ、タルトストーンを敷き詰める。170度に予熱したオーブンで15分焼き、タルトストーンを取ってさらに5分焼き、冷ましておく。

11. 生地にキャラメルナッツを割って入れる。

生チョコ

12. チョコレートを湯煎して半分ほど溶かしておく。手鍋に生クリーム、水あめ、バニラビーンズペーストを入れて火にかけ、ふつふつしてきたら火を止める。

13. チョコレートが入ったボウルの中に一気に流し入れる。

14. ゴムベラでしっかり混ぜて乳化させる。

15. キャラメルナッツの上に流し入れ、冷蔵庫で1時間ほど冷やす。

16. お好みの飾りつけで仕上げる。

MEMO

p.48の写真のものは、生地の1/3にパールクラッカンをのせ、残りにココアをふるい、金箔をあしらいました。

p.49 →

ラムレーズンサンド

材料 — 8個分

【シナモンクッキー】
無塩バター…35g
粉糖…15g
塩…ひとつまみ
卵黄…10g
薄力粉…60g
アーモンドプードル…10g
シナモン…2g

【ラムレーズンバター】
無塩バター…60g
製菓用ホワイトチョコレート…60g
生クリーム（動物性47%前後）…20g
ラムレーズン…60g

シナモンクッキー

1. バターをボウルに入れ、ホイッパーですり混ぜる。粉糖と塩を加え、粉っぽさがなくなるまでゆっくりすり混ぜる。卵黄を2回ぐらいに分けて入れ、その都度しっかり混ぜる。

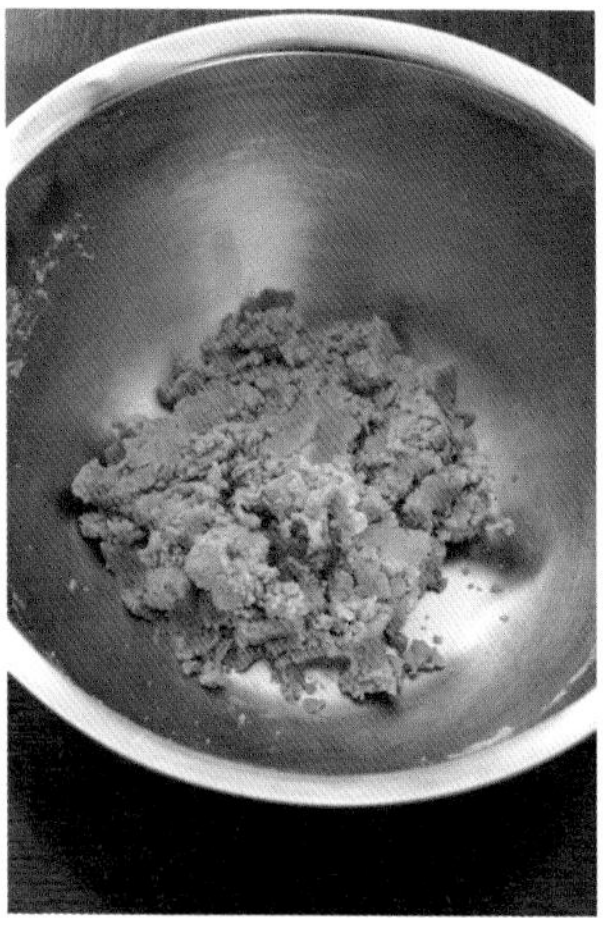

2. 薄力粉、アーモンドプードル、シナモンを加え、ゴムベラでひとまとめにする。

3. 生地をラップに包んで形を整え、冷蔵庫でひと晩寝かせる。

7. 湯煎で溶かしたチョコレートと生クリームをしっかり乳化させ、**6**に入れて混ぜる。

8. ラムレーズンも入れてさらに混ぜる。

9. 16cm×8cmの型に流し入れる。

Level ★★★
30min
15min
12.5h
1h

4. 3の生地を一度もみまとめ、3㎜厚に伸ばして冷蔵庫に入れて30分寝かせる。

5. 4㎝×4㎝の正方形にカットする。シルパンを敷いた天板に並べ、160度に予熱したオーブンで15分焼く。少し冷めてから網に移動させないとホロホロで崩れてしまうので注意。

ラムレーズンバター

6. バターをホイッパーでポマード状にしておく。

仕上げ

10. 9 の上にクッキー8枚を並べる。冷蔵庫で1時間ほどしっかり冷やし固める。

11. 10をクッキーの大きさに合わせてカットする。

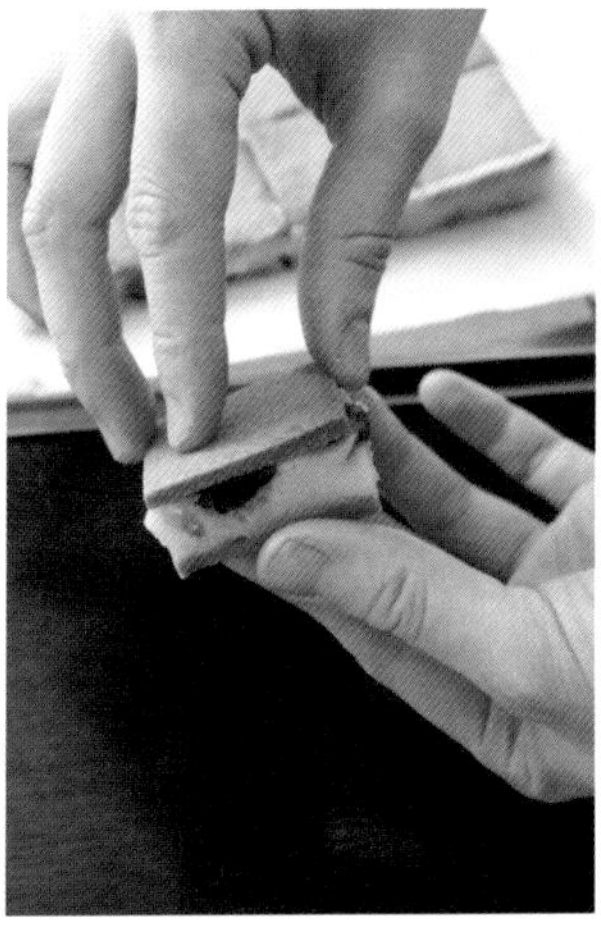

12. 残の8枚のクッキーで挟む。このとき側面がきれいにできなかったら、パレットナイフやペティナイフなどでならすとよい。

下準備

- バターと卵黄を常温に戻しておく。
- 薄力粉、アーモンドプードル、シナモンは一緒にふるっておく。
- 粉糖はふるっておく。

MEMO

ラムレーズンバターは絞れる硬さまで冷やしてから絞り袋で絞ったりスプーンでのせたりしてサンドしてもOKです。

アールグレイラングドシャ

紅茶とチョコの組み合わせが大好きで作ったレシピ。サクッと軽い歯触りのラングドシャはアールグレイの風味が豊かに仕上がります。チョコレートは、スイート、ミルク、ホワイトのどれを選んでも合います。

★★
Level

20min

12min

材料 ― 約13個分

【ラングドシャ】
無塩バター…30g
粉糖…30g
卵白…30g
アーモンドプードル…10g
薄力粉…20g
茶葉（アールグレイ）…1.5g

【ガナッシュ】
製菓用スイートチョコレート…30g
有塩バター…2g
生クリーム（動物性47%前後）…15g
水あめ…1g

下準備

- バターと卵白は常温に戻しておく。
- 粉糖とアーモンドプードルと薄力粉はそれぞれふるっておく。
- 茶葉はミルサーなどで細かくする（ティーバッグの場合はそのままでOK）。
- オーブンは170度に予熱しておく。

ラングドシャ

1. ボウルにバターを入れてゴムベラで滑らかにする。粉糖を入れて混ぜる。

2. 卵白を5回に分けて入れ、分離しないようにその都度ホイッパーで混ぜる。

3. アーモンドプードルを入れてゴムベラで混ぜる。

4. 続けて茶葉を入れて混ぜ、薄力粉を入れて混ぜる。

5. 口金をつけた絞り袋に生地を入れて、シルパットを敷いた天板に直径約2cmに絞る。170度のオーブンで12分焼く。

ガナッシュ

6. ボウルに刻んだチョコレートとバターを入れる。生クリームと水あめを一緒に電子レンジで20秒間ほど温めてチョコとバターのボウルに加えてしっかり混ぜる。絞ったときに流れない固さになるまで冷ます。

7. 冷めたラングドシャにガナッシュをサンドする。

MEMO

薄力粉を入れてから混ぜすぎないのがポイントです。生地は焼くと広がるので、絞るときは近づけすぎないようにしてください。

プレオール

フランスのお菓子、プレオール。ココアペーストやナッツを巻き込んで伸ばしたパイ生地を、焦げる直前までキャラメリゼして焼き込んであるので、食感はザクザクとしてとても香ばしく、ほろ苦さも感じられます。

★★
Level

15min

16min

1h

材料 ― 6枚分
ココア…5g
卵白…10g
パイシート…10×20cm 1枚
アーモンドダイス…5g
粉糖…適量

下準備
- パイシートは冷凍庫から出し半解凍しておく。

1. ココアと卵白を混ぜる。

2. パイシートに1を薄く塗る。このときパイシートの巻き終わり1cmほどあけておく。

3. アーモンドダイスをまんべんなく散らし、空気が入らないように手前からクルクル巻く。

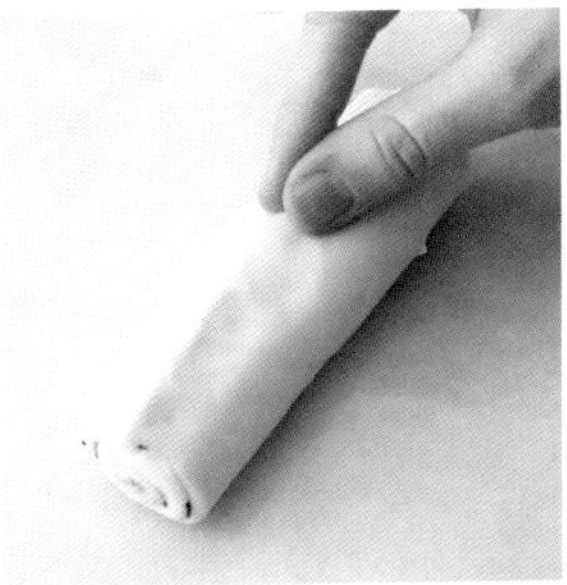

4. 生地の口をしっかり閉じてラップで包み、冷蔵庫で1時間ほど冷やす。

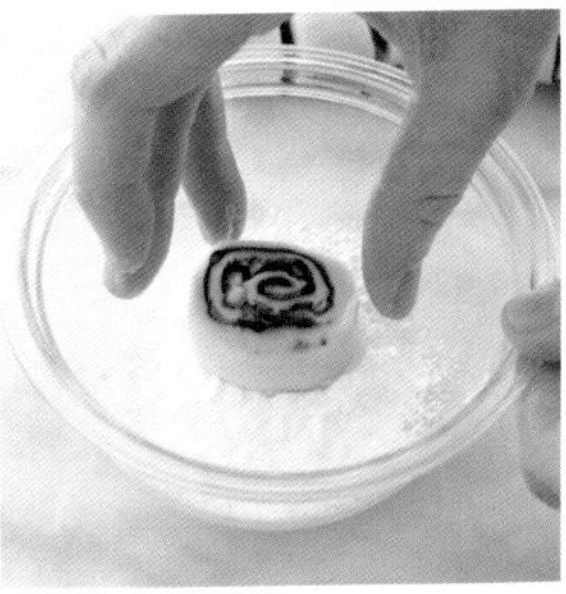

5. 生地を6等分にカットし、カット面に粉糖をまぶす。

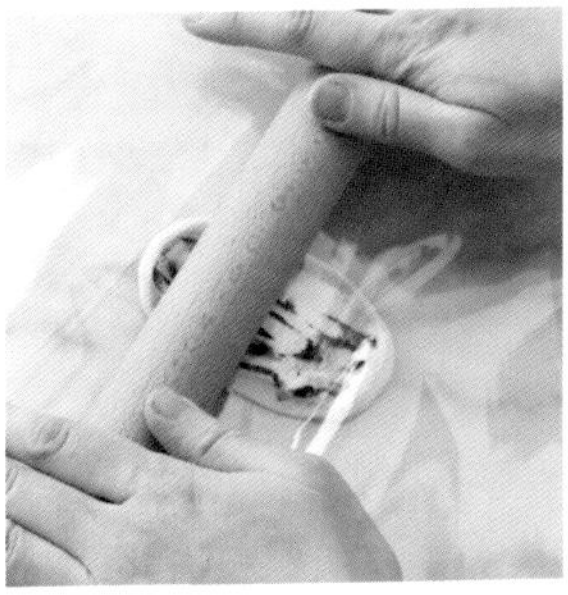

6. 生地が長細くなるようにめん棒で伸ばす。

7. 茶こしで、生地の両面に白くなるくらい粉糖をふるう。巻き模様がきれいに出ているほうを下にしてシルパットを敷いた天板に並べ、180度に予熱したオーブンで13分焼く。一度オーブンから取り出し、200度に温度を上げて天板を上段に入れ直し、表面がキャラメリゼされるまで3分ぐらい焼く。

MEMO ☰

一気に焦げてくるので、温度を上げてからはオーブンの前から離れないでずっと見ているようにしましょう。

メレンゲクッキー

湯煎で卵白と砂糖を温めてから泡立てる、スイスメレンゲの方法で作ったメレンゲはカリッとして歯応えがあります。
季節のフルーツとクリームと一緒に「イートンメス」として食べるのもおすすめ。

← p.60

ローズマリーブールドネージュ

ブールドネージュを作ったときにローズマリーを添えて置いていたらその香りが移ったものがとてもおいしかったので、刻んで入れたらさらに香りがついておいしくなるのではないかと思って作った、偶然の産物のレシピです。

← p.61

p.58 →

Level
15min
90min

メレンゲクッキー

材料 ― 約32個分
卵白…50g
グラニュー糖…70g
レモン汁…小さじ1/6

下準備
- 乾燥剤をジップロックや瓶などに入れて用意しておく。
- オーブンは100度に予熱しておく。

1. 卵白とグラニュー糖をボウルに入れ、混ぜながら湯煎して50度まで温度を上げる。

2. レモン汁を加える。

3. 絞れる硬さまでハンドミキサーでしっかり泡立てる。生地をお好きな口金をつけた絞り袋に入れる。

4. 天板にシルパットを敷いて、生地を絞る。100度のオーブンで90分焼く。焼き上がったら、オーブンに入れたまま冷ます。

5. オーブンから出したら、すぐに乾燥剤を入れたタッパーや瓶などに入れて保存する。

MEMO ☰

冷めたものをそのままにしておくと湿気で表面がベトベトになってしまうので、乾燥剤を入れて密封しておくのがポイント。写真ではWiltonオープンスターチップ#6Bの口金を使用しました。

p.59 →

ローズマリーブールドネージュ

Level
20min
0.5h
20min

材料 ― 約14個分
無塩バター…40g
グラニュー糖…15g
A
薄力粉…50g
コーンスターチ…10g
アーモンドプードル…10g
ローズマリーの葉…1g
塩…ひとつまみ
粉糖（まぶす分）…大さじ1
プードルデコール（または粉糖）…適量

下準備
- Aは一緒にふるっておく。
- バターは常温に戻しておく。

1. バターをポマード状にしておく。

2. グラニュー糖を入れ、ホイッパーですり混ぜる。

3. Aを加え、ゴムベラで軽く混ぜる。

4. 刻んだローズマリーの葉と塩を加え、サックリ粉気がなくなるまでゴムベラで合わせる。

5. 生地を棒状にしてラップをし、冷蔵庫で30分寝かせる。

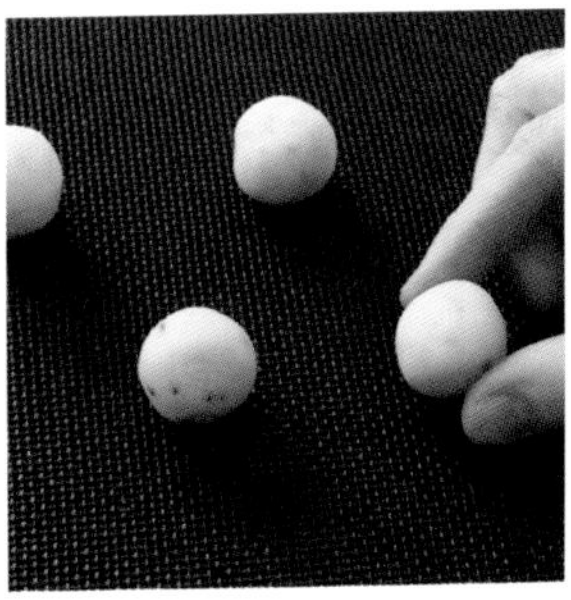

6. 1個あたり8g目安に切り、丸めてシルパンを敷いた天板にのせる。170度に予熱したオーブンで20分焼く。ほんのり温かいくらいになるまで天板ごと粗熱をとる。

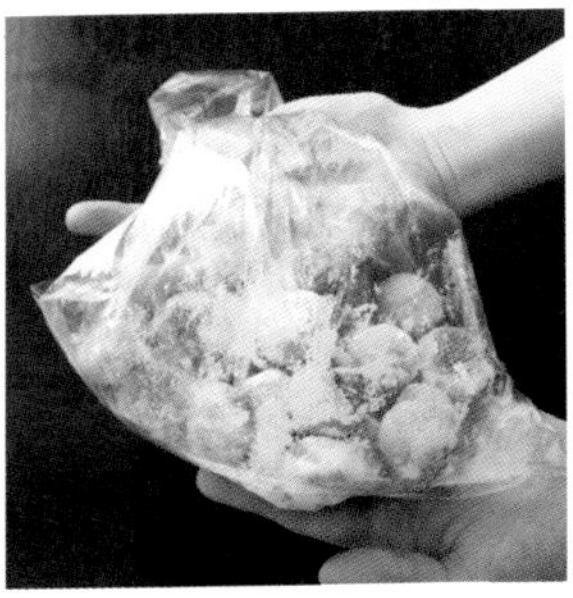

7. 粉糖をビニール袋に入れたら6を加え、シャカシャカ振る。粉っぽさがなくなり粉糖でコーティングされた感じになったらそのまま完全に冷ます。

8. 仕上げに茶こしで軽くプードルデコールをふるう。

MEMO

仕上げの粉糖はあまりふりすぎると甘くなりすぎるので注意が必要です。ローズマリーが苦手な方は抜けば、プレーンタイプとして楽しめます。

ガトーショコラ

チョコレート好きの私が、
チョコレート好きさんたちのために、ずっしり濃厚タイプのガトーショコラに仕上げました。
小麦粉を使っていないので、焼き時間を短くすればレアな感じでも楽しめます。

★★
Level

20min

25min

材料―15㎝デコ型（約150径×高さ60㎜）
1台分

製菓用スイート
　チョコレート…100g
無塩バター…70g
卵白…120g
グラニュー糖…70g
卵黄…60g
グランマルニエ…小さじ1
ココア…25g
コーンスターチ…10g

下準備
- 卵黄は常温に戻しておく。
- オーブンは天板ごと170度に予熱しておく。

1. チョコレートと小さく切ったバターをボウルに入れ、湯煎して溶かし45～55度に保っておく。

2. 別のボウルに卵白にグラニュー糖を3回に分けて入れて泡立て、ツノが立つくらいのメレンゲを作る。

3. 1のボウルに2のメレンゲをひとすくい入れて、ホイッパーで軽く混ぜる。

4. 続いて卵黄を入れて混ぜ、グランマルニエを入れて混ぜる。2のボウルの方に戻し、マーブル状になるまで混ぜる。

5. ココアとコーンスターチを一緒にしてふるいながら入れる。

6. 写真のようにツヤが出るまでゴムベラで混ぜる。

7. 型紙を敷いた型に入れて、170度のオーブンで25分焼く。

MEMO ☰

手持ちの型の底が抜けない場合は、7の写真のように型紙の下にクッキングシートを十字になるように渡します。これを引っ張れば生地が持ち上がり、簡単に型から外せます。

ロッシェココ

これぞ地味菓子！　と言った見た目のお菓子ですが、誰も失敗することなく本当に簡単にできます。我が家では大人気なお菓子なので、瓶に入れていつでも食べれるようにストックしてあります。

Level
5min
40min
12h

材料 — 約12個分
卵白…25g
ブラウンシュガー…40g
ココナッツロング…50g
シナモン…3ふり
ナツメグ…1ふり

1. 卵白とブラウンシュガーを泡立てないようにすり混ぜる。

2. ココナッツロング、シナモン、ナツメグを入れ、ゴムベラで混ぜる。冷蔵庫でひと晩寝かせる。

3. 2をシルパットを敷いた天板に水でぬらした手でひとつまみ取り、三角錐の形に並べる。

4. 140度に予熱したオーブンで40分焼き、オーブンの中で冷めるまで放置してしっかり乾燥させる。

MEMO ☰

瓶などで保管するときは、ベタつくのを防ぐため乾燥剤を入れてください。

クレームブリュレ

← p.68

ガスバーナーが必要なハードル高めのレシピですが、お持ちの方はぜひ濃厚でなめらかな部分と、スプーンの背で割るのが楽しいパリッとしたカラメル部分のコントラストを味わってみてください。

昔ながらのプリン

ずっと前から作り続けている私の定番レシピです。包丁でカットしても自立するくらいしっかりした固さのオーソドックスなプリンができ上がります。カラメルは苦めに仕上げるのが断然おすすめです。

← p.69

p.66 →

クレームブリュレ

材料ー ストウブ10cm 3個分

牛乳…100㎖
生クリーム
（動物性47%前後）
…200g
バニラビーンズペースト
…2g
卵黄…60g
グラニュー糖…30g
カソナード
（フランス産のブラウンシュガー）…適量

下準備

・卵黄は常温に戻しておく。
・オーブンは150度に予熱しておく。

Level
15min
30min
12h

1. 手鍋に牛乳、生クリーム、バニラビーンズペーストを入れて火にかけ50度に温める。

2. ボウルに卵黄を割りほぐし、グラニュー糖を加えて混ぜる。

3. 1を入れながら絶えず混ぜる。泡立てないように注意する。

4. 3の卵液を濾す。

5. 4をストウブに入れ、40度くらいのお湯を2cmほど張ったバットに並べたら、150度のオーブンで30分湯煎焼きする。粗熱をとり、冷蔵庫でひと晩冷やす。

6. カソナードを表面に薄くまんべんなくかける。

7. カソナードの部分をバーナーで炙る。

MEMO ☰

カソナードは他の砂糖でも代用できますが、カソナードを使うときれいに焼き目がつきます。

p.67 →

昔ながらのプリン

材料 — パウンド型（内寸170×80×高さ57㎜ 底寸165×70㎜）1台分

牛乳…350㎖
生クリーム（動物性35%前後）…50g
グラニュー糖…55g
バニラビーンズペースト…2g
全卵…180g
卵黄…20g

【カラメル】
グラニュー糖…50g
水…大さじ1
お湯…大さじ1

下準備
- 全卵と卵黄は常温に戻しておく。
- オーブンは150度に予熱しておく。

★ Level

20min

28min

12h

カラメル

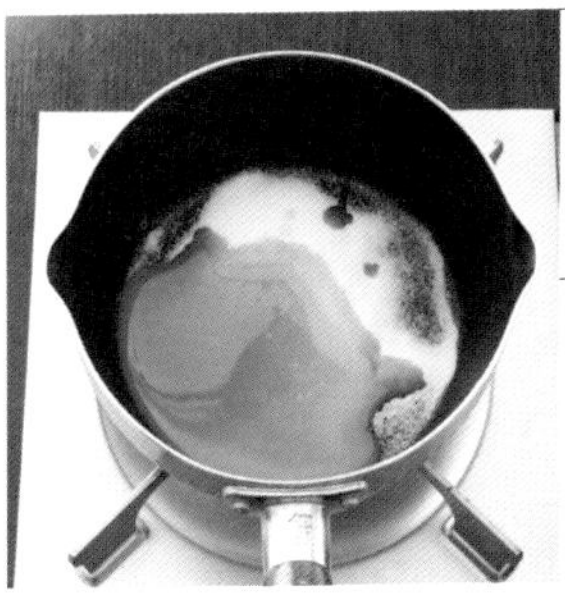

1. 手鍋にグラニュー糖と水を入れて火にかける。

2. お好みの色みになるまで煮詰め、火を止めてお湯を入れる（飛び散るので注意）。型に流し入れておく。

プリン

3. 手鍋に牛乳、生クリーム、グラニュー糖、バニラビーンズペーストを入れて火にかけ、50度に温める。

4. ボウルに全卵と卵黄を割りほぐし、3を入れながら絶えず混ぜる。泡立てないように注意する。

5. 4の卵液を濾す。

6. カラメルが固まったら、上から5を流す。泡はスプーンで取っておく。

7. 型より大きいバットなどに布巾を敷き、40度くらいのお湯を3㎝ほど張ったら6を入れ、150度のオーブンで28分湯煎焼きする。粗熱をとり、冷蔵庫でひと晩冷やす。

8. 型に沿ってナイフを一周させ、お皿にひっくり返す。

MEMO

カラメルは苦めがおすすめです。小さな型で焼くときは焼成時間を調節してください（レシピの時間で焼くとスが入ってしまいます）。

道具について2

お菓子づくりをするときにまず揃えたい、基本的なアイテムで私が使っているものをご紹介します。

基本の道具選びで お菓子づくりの 作業効率が変わる

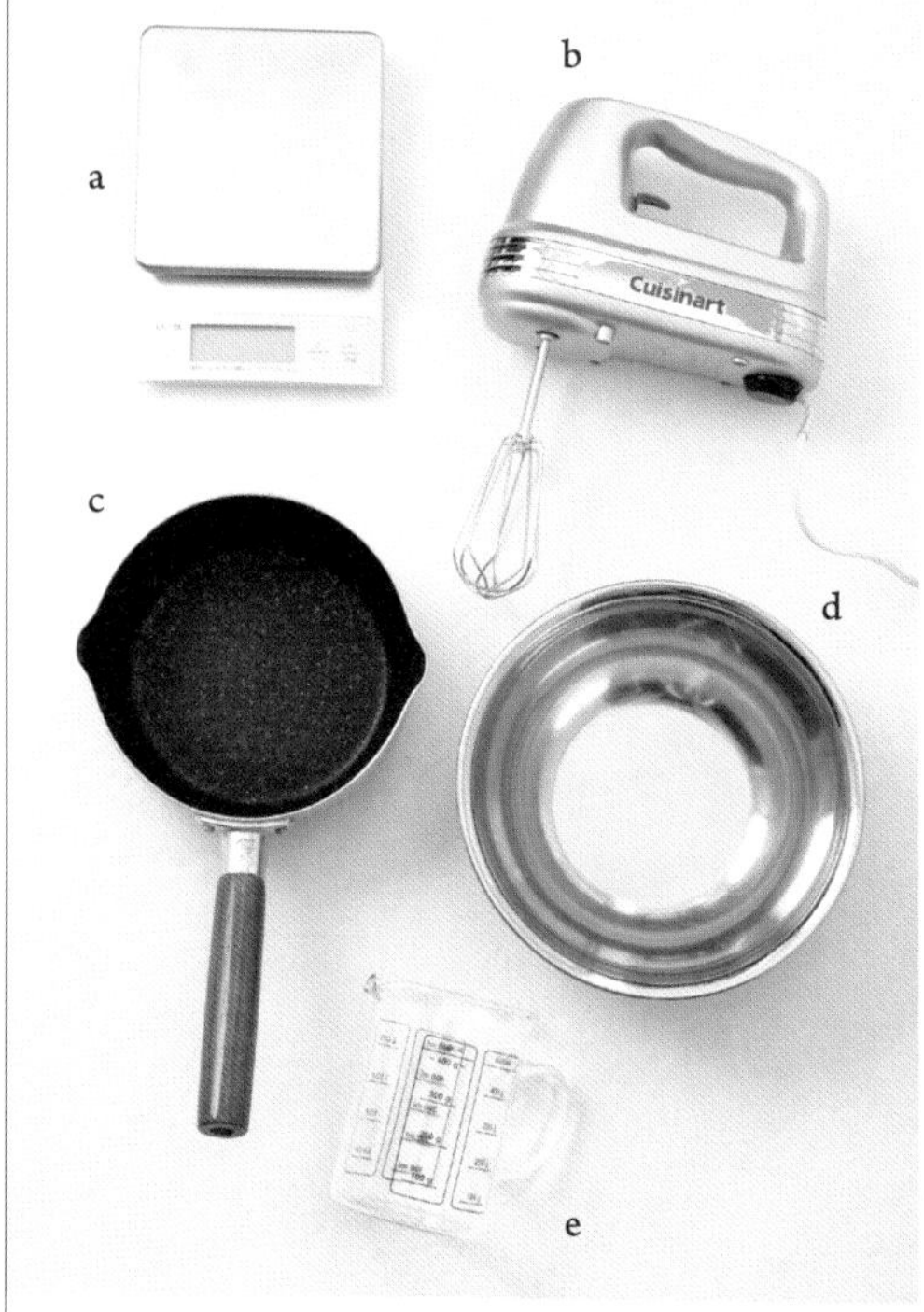

オーブン庫内の 温度や生地の温度は できるだけ測るように

a. スケール

タニタのもの。0.1g単位で量れて、水や牛乳などの液体をmℓの単位でも量れるのでお気に入り。手間が減ります。

b. ハンドミキサー

クイジナートのハンドミキサー。とてもパワフル。スピーディーに、きめの整った生地作りをサポートしてくれます。

c. 手鍋

cottaで買った直径18cmの手鍋。内側がマーブルコーティングされていて、カラメルなどもするっと取りやすいです。

d. ボウル

10種類くらい揃えているボウル。初心者の方であれば、まずは18cmと21cmの大きさのものを2つ揃えれば大丈夫。

e. 計量カップ

見た目で選んだガラスの計量カップ。実際は計量よりも、絞り袋を立たせる用途で使うのがメインになっています。

f. めん棒

水で洗わないように、と製菓学校で教わっためん棒。生地にOPPシートやクッキングシートを挟んで使っています。

g. ゴムベラ

使用頻度の高いヘラは、一体型のほうが衛生的。ほどよい硬さでボウルに沿ってきれいに生地が取れる硬さが理想的。

h. 型抜き

7種類くらいのサイズが一体になったパテ抜きセット。収納も場所を取らず、サイズも多くて愛用しています。

i. ホイッパー

製菓学校のときから使っている「シルバー泡立て」。羽根がしっかりとしているので混ぜやすく、3種類持っています。

j. ストレーナー

大きさより網目の細かさが大事だと思います。これは網が二重になっていて丈夫で、裏ごしにも使っています。

k. オーブン庫内温度計

タニタの庫内温度計。オーブンで設定している温度と実際の温度には差があるので絶対に測ったほうがいいと思います。

l. 口金

口金は、仕上げたいお菓子に合わせて選びますが、星口金と丸口金は基本のものなので揃えておくと何かと使えます。

m. 食品用赤外線温度計

食品に触れずに衛生的に作業できるのがメリット。お菓子づくりには、計量と同じくらい温度が重要だと思っています。

PART. 3

軽食がわりになる
地味菓子

グラノーラ

グラノーラを食べていたときに感じた「もっとドライフルーツやナッツが入っていたらうれしいのにな」という欲望からできた、手づくりならではの贅沢グラノーラ。

クランブル状の食べ応えのあるタイプです。

Level

10min

30min

材料 — 天板1枚分

オートミール…200g
ココナッツファイン…40g
薄力粉…40g
ブラウンシュガー…25g
塩…ひとつまみ
太白胡麻油…30g
メープルシロップ…65g
お好みのナッツ…100g
お好みのドライフルーツ
…125g

下準備

- 薄力粉はふるっておく。
- ナッツは160度で10分ローストしておく。
- オーブンは170度に予熱しておく。

1. ビニール袋にオートミール、ココナッツファイン、薄力粉、ブラウンシュガー、塩を入れる。

2. 袋の口を閉じてシャカシャカふる。

3. 太白胡麻油、メープルシロップを加え、小さな塊ができるようにもみ込みながらふる。

4. 170度のオーブンで15分焼き、一度取り出して混ぜてから再び15分焼く。

5. 粗熱がとれたら、適当な大きさに切ったナッツやドライフルーツと合わせる。

MEMO

ナッツやドライフルーツたっぷりのグラノーラは朝食にもぴったり。ヨーグルトなどに添えてもおいしく食べられます。

ショコラグラノーラ

大きなチョコが入っているので、プレーンのタイプに比べてデザート感が強いグラノーラ。ドライフルーツはベリー系を選ぶとチョコと好相性です。

バニラアイスや牛乳と一緒に食べるのがおすすめ。

Level

10min

30min

1. ビニール袋にオートミール、ココナッツファイン、薄力粉、ココア、シナモン、ブラウンシュガー、塩を入れる。

2. 袋の口を閉じて、シャカシャカふる。

3. 太白胡麻油、メープルシロップを加え、小さな塊ができるようにもみ込みながらふる。

4. 170度のオーブンで15分焼き、一度取り出して混ぜてから再び15分焼く。

5. 粗熱がとれたら、適当な大きさに切ったナッツやドライフルーツ、チョコレートと合わせる。

MEMO ☰

チョコ好きの人にはたまらない大きなチョコが入ったグラノーラ。ここではp.95でも紹介している香り豊かな製菓用のチョコレートを使用しています。

材料 — 天板1枚分

オートミール…200g
ココナッツファイン…40g
薄力粉…35g
ココア…8g
シナモン…1.5g
ブラウンシュガー…25g
塩…ひとつまみ
太白胡麻油…35g
メープルシロップ…65g
お好みのナッツ…100g
お好みのドライフルーツ…100g
お好みのチョコレート…25g

下準備

- 薄力粉とココアは一緒にふるっておく。
- ナッツは160度で10分ローストしておく。
- オーブンは170度に予熱しておく。

エッグタルト

パイシートを使ったお手軽なエッグタルト。パイシートは空焼きしなくてもサクッとした食感に仕上がるようになっています。火傷に気をつけながら焼きたて熱々を食べましょう。温め直しはトースターを使ってください。

★★ Level

25min

30min

材料 ― マフィン型（内寸直径73〈54〉×高さ28mm）6個分

卵黄…40g
グラニュー糖…40g
コーンスターチ…6g
牛乳…100mℓ
生クリーム（動物性47%前後）…100g
バニラビーンズペースト…2g
パイシート…10×10cm 6枚

下準備

- 卵黄は常温に戻しておく。
- コーンスターチはふるっておく。
- パイシートは冷凍庫から出す。
- オーブンは天板ごと200度に予熱しておく。

1. ボウルに卵黄とグラニュー糖を入れて白っぽくなるまでホイッパーで混ぜ、コーンスターチを入れて混ぜる。

2. 手鍋に牛乳、生クリーム、バニラビーンズペーストを入れて火にかけ、50度に温める。

3. 1に2を入れながら絶えず混ぜる。泡立てないように注意する。

4. 3を濾して粗熱をとっておく。

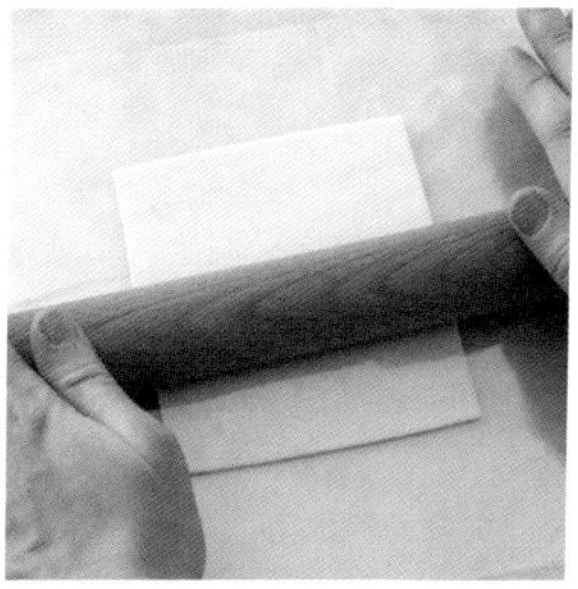

5. パイシートをめん棒で伸ばす。

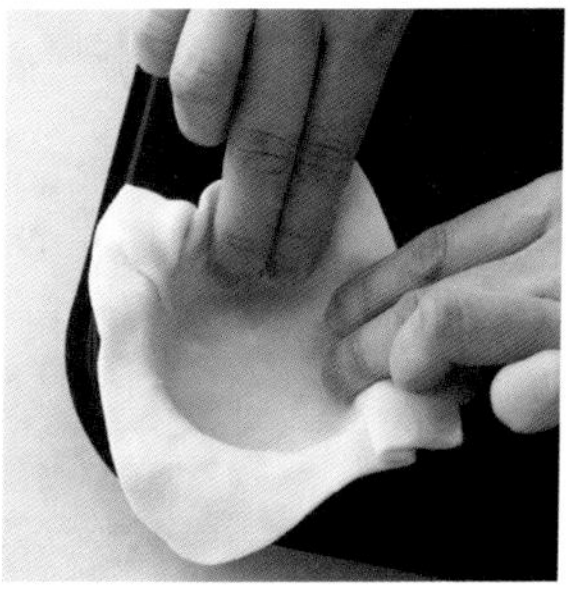

6. マフィン型に敷いてはみ出た分をペティナイフでカットしておく。

7. 6に4を流し入れる。泡はスプーンで取っておく。200度のオーブンで10分焼き、オーブンの中に入れたまま設定温度を180度に下げて20分焼く。

MEMO ☰

パイシートを型に敷くときは型に沿うようにピッタリ敷いてください。仕上がりが変わります。パイシートを型に入れた時点で卵液の粗熱がとれていない場合は、型を冷蔵庫に入れておきましょう。

アールグレイシフォンケーキ

顔をうずめて食べたくなるようなフワフワのシフォンケーキ。フワフワのため、クリームをナッペしたりデコレーションしたりする仕上げには向いていません。クリームと一緒に食べる場合はお皿に添えてください。

← p.80

バジルシフォンケーキ

甘じょっぱい系が好きな方にぜひおすすめしたいのがこちら。生地にもチーズが入っていますが、表面にかけて焼いたチーズが香ばしく、風味豊かになるのでぜひお試しください。チーズ入りの分お早めに。

← p.82

p.78 →

1. ボウルに卵黄とグラニュー糖30gを入れて、もったりするまでホイッパーで混ぜる。

2. 太白胡麻油、牛乳、薄力粉を順番に入れ その都度混ぜる。

3. 茶葉を加えて混ぜる。

7. 型に生地を流し入れる。

8. 菜箸で2周くらいかきまわしたら1回トンと型を台に打ちつけ、大きな気泡をなくす。170度のオーブンで35分焼く。

9. 焼き上がったら瓶などに逆さまにして差し込み、（またはマグカップの上に逆さまに置く）しっかり冷ます。粗熱がとれた時点で型ごとビニール袋に入れたりラップでくるんだりしておくとよい。

アールグレイシフォンケーキ

材料―
17㎝のシフォンケーキ型（約170径×高さ80㎜）1台分

卵黄…60g
グラニュー糖…30g
太白胡麻油…30g
牛乳…50㎖
薄力粉…65g
茶葉（アールグレイ）…6g
卵白…160g
グラニュー糖…35g

下準備

・薄力粉はふるっておく。
・茶葉をミルサーなどで細かくする（ティーバッグの中身ならそのままでOK）。
・オーブンは天板ごと170度に予熱しておく。

✶✶
Level
20min
35min

4. 別のボウルに卵白を入れ、グラニュー糖35gを3回に分けて入れ、しっかりしたメレンゲを作る。

5. 3に4をひとすくい入れ、ホイッパーでしっかりなじませる。

6. 5を4のメレンゲの方に戻してゴムベラで手早く合わせる。

生地の外し方

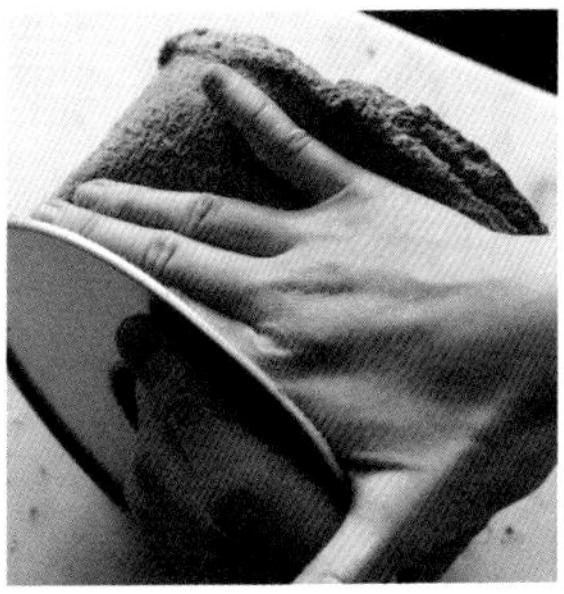

まず型の縁のあたりから生地をぐっと押し込み、同様に型の芯の周りも押し込む。型を逆さにし、枠の部分を外す。芯の部分を持ちながら、底から生地を押し込む。芯を逆さにし、抜く。

MEMO ☰

意外と難しいシフォンケーキの型外し。上の写真でも紹介しているように、大胆に手を縁に入れて、生地を押し込んでおくと外れやすくなります。

p.79 →

バジルシフォンケーキ

材料 ― 17cmのシフォンケーキ型（約170径×高さ80mm）1台分

卵黄…60g
グラニュー糖…25g
太白胡麻油…35g
牛乳…60mℓ
パルミジャーノすりおろし…25g
ドライバジル…大さじ1
薄力粉…60g
卵白…160g
グラニュー糖…30g
パルミジャーノすりおろし…適量

下準備
- 薄力粉はふるっておく。
- オーブンは天板ごと170度に予熱しておく。

★★ Level
20min
35min

1. ボウルに卵黄とグラニュー糖25gを入れて、もったりするまでホイッパーで混ぜる。

2. 太白胡麻油、牛乳、パルミジャーノ、ドライバジル、薄力粉を順番に入れ、その都度混ぜる。

3. 別のボウルに卵白を入れ、グラニュー糖30gを3回ぐらいに分けて入れ、しっかりしたメレンゲを作る。

4. 2に3をひとすくい入れ、ホイッパーでしっかりなじませてからメレンゲのボウルに戻して、ゴムベラで手早く合わせる。

5. 型に生地を流し入れ、菜箸で2周くらいかきまわしたら1回トンと型を台に打ちつけ、大きな気泡をなくす。

6. パルミジャーノを表面全体にかける。170度のオーブンで35分焼く。焼き上がったら瓶などに逆さにして差し込んでしっかり冷まし、型から外す。

MEMO ☰

パルミジャーノが入っている分メレンゲの気泡が潰れやすいので、混ざったなと思った時点ですぐ型に流し込んでください。

シナモンロール

私のレシピの多くは甘さ控えめですが、「シナモンロールだけは甘くあってほしい」という願いから生まれた激甘仕様のシナモンロール。パイシートを使って簡易的なデニッシュ生地にしてあるのもポイントです。

← p.84

p.83 →

1. 生地を作る。ホームベーカリーをお持ちの方は強力粉、上白糖、塩、ドライイースト、牛乳、バターをパンケースに入れ生地コースをセレクト。一次発酵まで終わらせる。

2. 生地をホームベーカリーから取り出し、軽くガス抜きをしながら丸め、ふんわりラップをして15分休ませる。

3. シナモンシュガーの材料を全部混ぜておく。

7. 3のシナモンシュガーを生地全面に伸ばし、クルクル丸めていく。

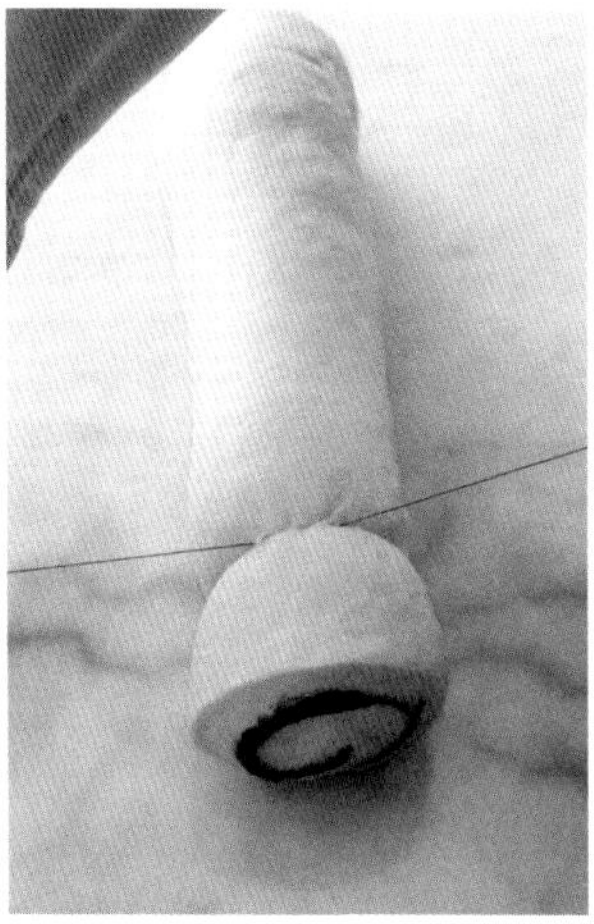

8. 糸を使い、生地を6等分にする。

9. オーブンシートを敷いた型に並べる。ふわっとラップをしてオーブンに入れ、35度で約30分ほど二次発酵させる。天板ごと190度に予熱したオーブンで18分焼く。

シナモンロール

材料 — 野田琺瑯 レクタングル浅型Sサイズ 1台分

強力粉…200g
上白糖…15g
塩…2g
ドライイースト…4g
牛乳…140㎖
無塩バター…15g
パイシート …20㎝×10㎝ 1枚
【シナモンシュガー】
ブラウンシュガー…50g
シナモン…4g
無塩バター…25g
【フロスティング】
クリームチーズ…50g
無塩バター…10g
粉糖…80g

Level
1.3h
18min
45min

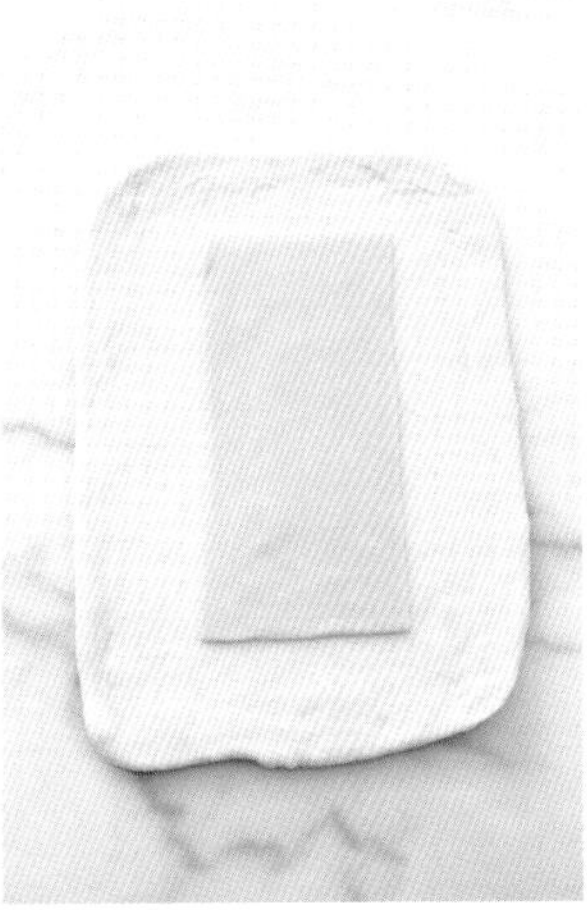

4. 2の生地をパイシートの2倍の大きさまで伸ばし、常温に戻したパイシートをのせる。生地でパイシートを包む。

5. 生地を三つ折りにし、向きを変えてもう一度三つ折りにして正方形に近い形にする。

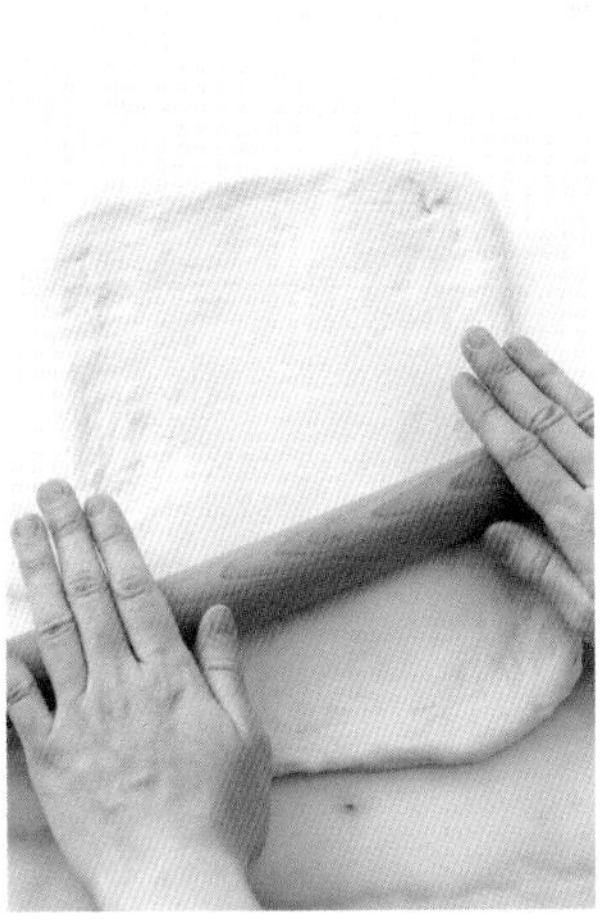

6. さらに生地を22cm×26cmぐらいの長方形に伸ばす。

フロスティング

10. フロスティングの材料を全部混ぜる。

仕上げ

11. 焼き上がったらフロスティングを表面に塗る。

MEMO

発酵時間や焼成時間は状況により変わるので調整してください。

下準備

・バター、クリームチーズ、パイシートは常温に戻しておく。
・粉糖はふるっておく。

〈手ごねバージョン〉

ボウルに強力粉、上白糖、塩、ドライイースト、牛乳（30度前後）を入れひとまとまりになるまでこねてから、常温に戻したバターを加えつるんとしてつまんで引っ張ったときに薄く膜が張るくらいまでこねる。ボウルにラップをして35度くらいで約1時間ほど2倍の大きさに膨らむまで一次発酵する。

スコーン

できるだけ中はパサつかず、外側はサクサクになるように、と考えたレシピです。甘さ控えめなので、お食事と一緒に食べたり、間にクリームやジャムなどをサンドしたりと、どんなシーンにも合うスコーンです。

★★
Level

20min

17min

材料——直径6cm 6個分

薄力粉…150g
強力粉…150g
ベーキングパウダー…7.5g
ブラウンシュガー…60g
塩…ひとつまみ
全卵…45g
無糖ヨーグルト…45g
生クリーム
（動物性35%前後）…70g
無塩バター…75g

下準備

- バターを小さく切って冷蔵庫で冷やしておく。
- 薄力粉と強力粉とベーキングパウダーは一緒にふるっておく。
- オーブンは200度に予熱しておく。

1. ボウルに薄力粉、強力粉、ベーキングパウダー、ブラウンシュガー、塩を入れて混ぜておく。

2. 別のボウルに全卵、ヨーグルト、生クリームを合わせて混ぜておく。

3. 1に冷やしたバターを入れ、スケッパーでバターを細かく刻みながら混ぜる。

4. 2を一気に入れ、練らないようにさっくりと混ぜる。

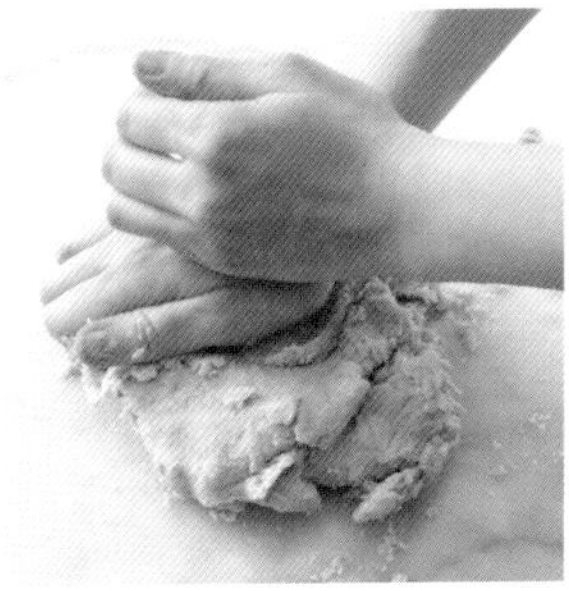

5. 粉っぽさが少し残るくらいで台の上に出し、折りたたむイメージでまとめる。

6. 写真のように2.5cmぐらいの厚さにする。

7. 丸抜きで生地を抜く（抜いたあと側面に触らないようにする）。余った生地も折りたたむようにしてまとめて抜いていく。シルパンを敷いた天板に並べ、200度のオーブンで17分焼く。

MEMO ☰

1〜4はフードプロセッサーでやると簡単にできます。まわしすぎないように注意してください。焼きたてがおすすめですが、時間が経ってから食べるときはトースターで3分ほどリベイクしてください。

シュケット

シュー生地にカリカリのあられ糖をのせて焼いたひと口サイズのかわいいお菓子。焼きたてが一番おいしく、一度食べだすと止まりません。サクッと感がなくなってしまうので、作った当日中に召し上がってください。

★★★ Level
20min
20min

材料 — 約25個分

牛乳…30㎖
水…30㎖
無塩発酵バター…25g
グラニュー糖…2g
塩…0.5g
バニラビーンズペースト…1g
薄力粉…35g
全卵…1個（60g）
あられ糖（ワッフルシュガー）…25gくらい

下準備

- 薄力粉をふるっておく。
- 卵は常温に戻しておく。
- オーブンは180度に予熱しておく。

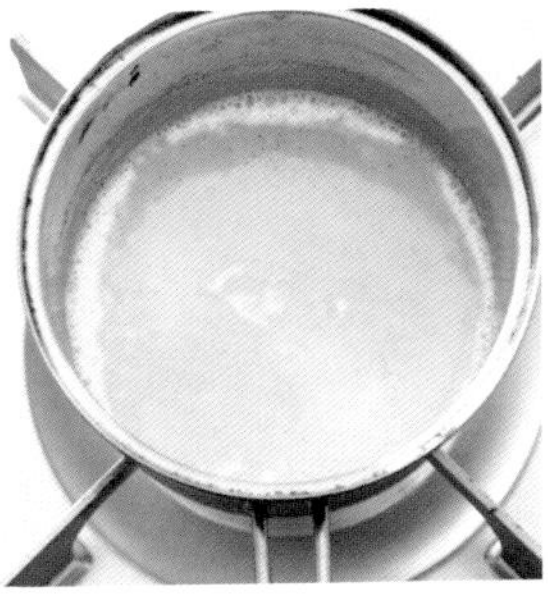

1. 手鍋に牛乳、水、バター、グラニュー糖、塩、バニラビーンズペーストを入れて沸騰させる。

2. 火を止め、薄力粉を一気に入れてゴムベラでひとまとめにする。

3. 再び火にかけ、中火ぐらいで鍋底に薄い膜が張るまで混ぜながら火を通す。

4. 生地をボウルに移し、割りほぐした全卵を5回ぐらいに分けて入れて、その都度しっかり混ぜる。

↓

生地をすくったとき、ゆっくり落ちて写真のようにゴムベラに生地が三角形に残るくらいが混ぜ終わりの目安。

5. 生地を口金をつけた絞り袋に入れ、約2㎝の大きさでシルパンに絞っていく。

6. 4で使った全卵の残りを指につけ、絞り跡を整えるように塗る。

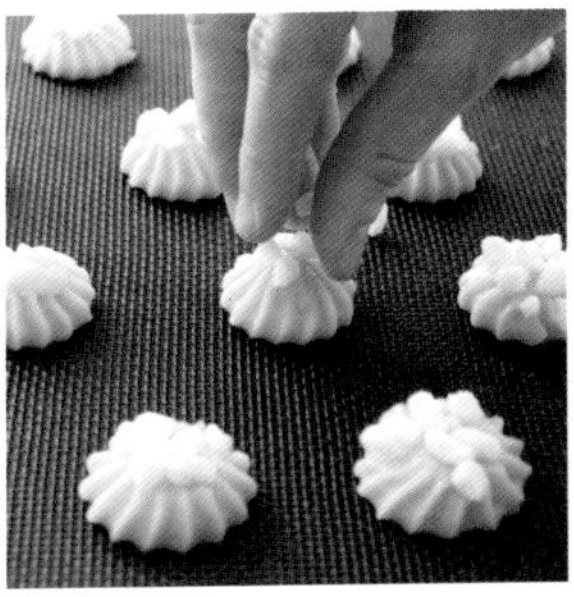

7. あられ糖を上にのせ、軽く押さえつける（あられ糖は焼くと落ちやすいので、多めにのせておく）。180度のオーブンで20分焼く。

MEMO ☰

絞り終わるまで生地が温かい状態がいいのでなるべく急いで作業しましょう。茶色くなるまでしっかり焼くのがポイント。全卵の量は4の目安に合わせて調整してください。

カカオニブブラウニー

濃厚ながらも、軽めなブラウニーに仕上げてあります。ほろ苦くてカリカリとした食感のカカオニブがいいアクセント。カカオニブはクランブルやナッツに代えてもおいしいのでお好みでアレンジを。

Level

15min

20min

材料―スクエア型（18×18㎝）1台分

製菓用スイート
チョコレート…100g
無塩バター…50g
全卵…75g
グラニュー糖…75g
牛乳…10㎖
ココア…15g
薄力粉…40g
カカオニブ…10g

下準備

・ココアと薄力粉は一緒にふるっておく。
・全卵は常温に戻しておく。
・オーブンは天板ごと170度に予熱しておく。

1. チョコレートと小さく切ったバターをボウルに入れ湯煎で溶かす。

2. 別のボウルに全卵とグラニュー糖と牛乳を入れて混ぜる。

3. 1を入れてさらに混ぜる。

4. ココアと薄力粉を3に入れ、ゴムベラで混ぜる。

5. 型紙を敷いた型に生地を流し込む。

6. カカオニブを全面に散らす。170度のオーブンで20分焼く。

MEMO

スクエア型のブラウニーはお好きなサイズに切ってください。温かいままでバニラアイスと共に温度差を楽しみながら食べるのもおすすめ。

栗のマフィン

マロンペーストをたっぷり混ぜ込むことでしっとりさせながらもふわっとした食感になるように考えました。ラム酒が効いている大人味のマフィン。焼きたても冷めてからも両方おいしい。温め直すならトースターで。

★★
Level

25min

20min

材料 ― マフィン型（1個あたりの内寸 直径73〈54〉×H28㎜）6個分

無塩バター…80g
ブラウンシュガー…40g
グラニュー糖…40g
塩…ひとつまみ
マロンペースト…80g
全卵…80g
薄力粉…150g
ベーキングパウダー…5g
牛乳…60㎖
ラム酒…小さじ2
栗の渋皮煮…6個
【クランブル】
A
- 薄力粉…30g
- アーモンドプードル…10g
- 上白糖…20g

無塩バター…20g

下準備

- バター80gと全卵と牛乳は常温に戻しておく。
- バター20gは5㎜角にカットしてよく冷やしておく。
- 薄力粉とベーキングパウダーを一緒にふるっておく。クランブルのAを一緒にふるっておく。
- 栗の渋皮煮は3個は8等分に切り、残りの3個は飾り用に半分に切る。
- オーブンは天板ごと180度に予熱しておく。

クランブル

1. Aをボウルの中で手でザッと混ぜる。バターを加え、手で潰しながらそぼろ状にポロポロにして冷蔵庫で冷やしておく。

マフィン

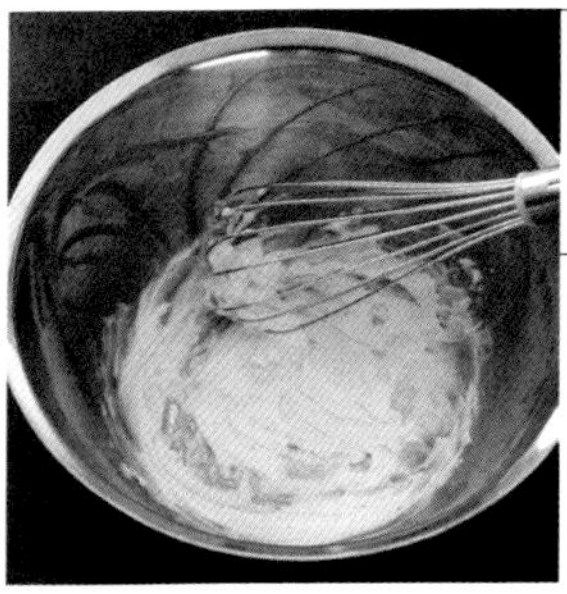

2. ボウルにバターを入れ、ホイッパーでクリーム状にする。

3. ブラウンシュガーとグラニュー糖を一緒にしたものと塩を2回に分けて加え、ふわっと白っぽくなるまで混ぜる。

4. マロンペーストを3回に分けて加え、その都度しっかり混ぜる。全卵は分離しやすいので4回ぐらいに分けて加え、しっかり混ぜる。

5. 薄力粉とベーキングパウダーの1/3を加えてゴムベラでさっくり混ぜ、牛乳の半量とラム酒を加えて混ぜる。

6. 続けてもう1/3の粉類を加えて混ぜ、残りの牛乳を加えて混ぜる。最後の1/3の粉類を加えて混ぜる。

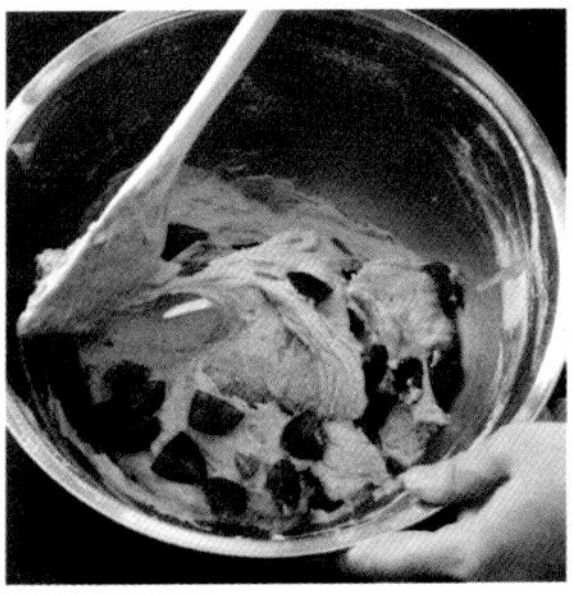

7. 8等分に切った栗を加えてサッと混ぜる。グラシンカップを敷いた型に均等に生地を入れたら、飾り用の栗とクランブルをのせ180度のオーブンで20分焼く。

MEMO ☰

2〜4はハンドミキサーを使うとラクに作ることができます。

材料について

できあがりの味に直結する材料選び。愛用している粉、バター、油などをご紹介します。

薄力粉は2種類を使い分け

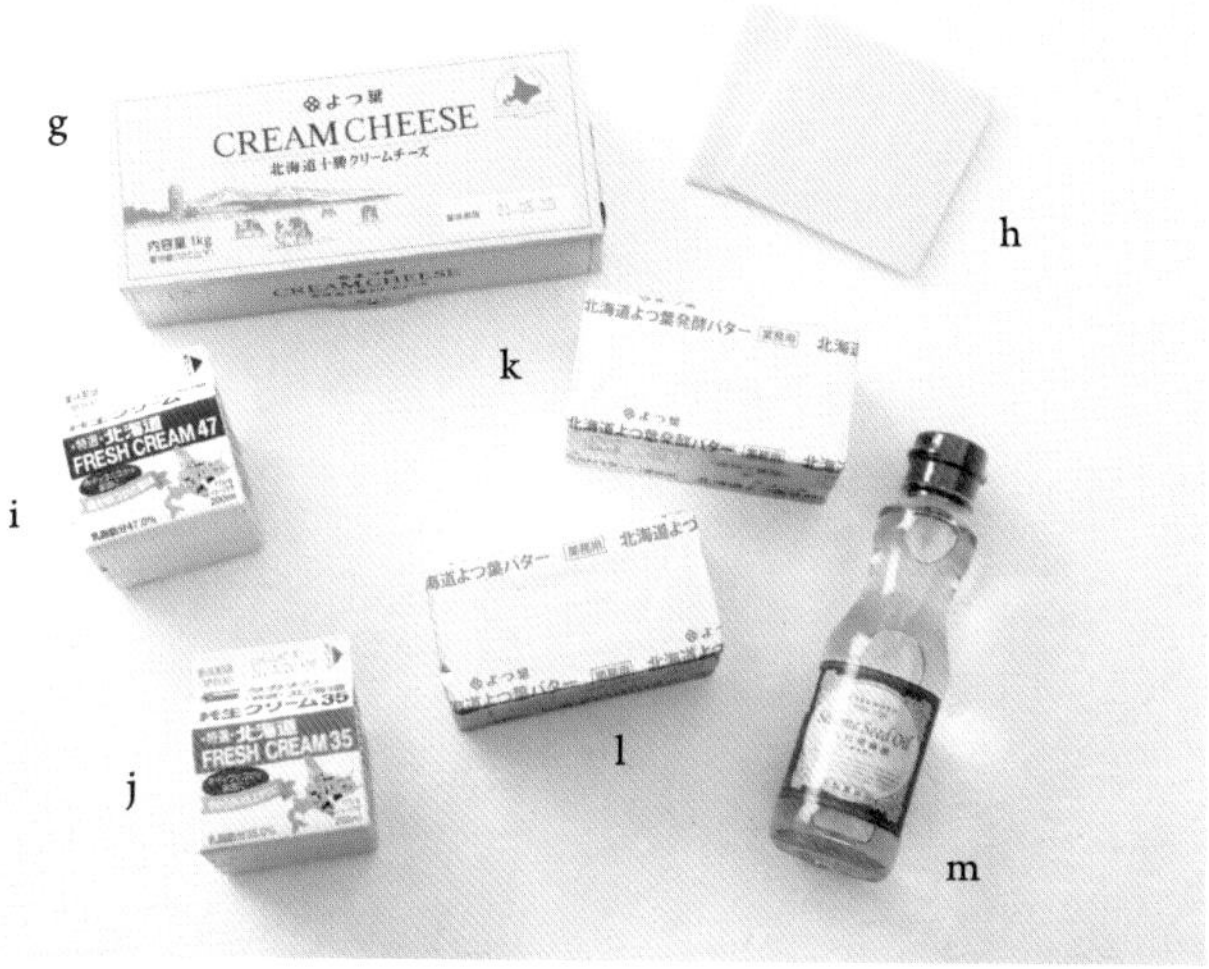

パイシートはカットタイプを愛用。管理もしやすくお気に入り

a. ブラウンシュガー

コクを出したいときによく使うのがブラウンシュガー。砂糖類は作るお菓子に合わせて選んでいます。

b. 強力粉

薄力粉よりグルテンの量が多く生地が強くなります。スコーン、シナモンロール、カヌレにカメリヤを使用。

c. アーモンドプードル

アーモンドを粉状にしたもの。この本でもよく出てきていて、アーモンドの風味を足したいときに使っています。

d. 薄力粉

この本ではクッキー系のものにはフランス産のエクリチュール、その他のものには北海道産のドルチェを使用。

e. 細目グラニュー糖

すっきりした甘さにしたいときに使います。粒子が細かいので生地に溶けやすく、作業性がいい点が特長です。

f. 粉糖

お菓子の仕上げだけでなく、生地に使うと素材ともなじみやすく、ホロッとした触感になります。

g. クリームチーズ

よつ葉のものを愛用。コクと酸味のバランスがよく、柔らかめなので扱いやすい。バスクチーズケーキで使用。

h. パイシート

一番よく使っているcottaのパイシート。そのまま使えるちょうどよい大きさなので便利です。エッグタルトで使用。

i. 生クリーム(47%)

デコレーションなどに使うタイプの生クリーム。より濃厚な味わい。バスクチーズケーキはこちらを使用しています。

j. 生クリーム(35%)

ムースなどに使う場合の生クリームは35%のほうが軽めで合います。プリンに使用。

k. 無塩発酵バター

独特な風味があり、コクもプラスされます。シンプルなお菓子でバターの風味を際立たせたいときに。ガレットブルトンヌで使用。

l. 無塩バター

お菓子づくりのベースになるバター。ミルキーな風味で使いやすいです。予備のものは冷凍庫で保管しています。

m. 太白胡麻油

シフォンケーキで使用。クセを抑えたいときに向き、焼き上がりが軽くて、仕上がりはしっとりしているのが特長。

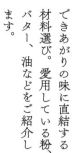

a. 製菓用チョコレート

フランスのヴァローナ社のもの。ケーキ屋さんなどお店で使うようなチョコレート。カカオの風味が全く違います。

b. バニラビーンズペースト

バニラビーンズをしごく手間が不要な便利アイテム。本来のバニラビーンズを使うならプリン、カヌレがおすすめ。

c. ゲランドの塩

使っている塩はほぼすべてゲランドの塩です。塩味がまるくて、お菓子の甘みを際立たせてくれるのが特長。

d. ナッツ類

単品で好きなものを買って、混ぜています。グラノーラなどでローストが手間な人はローストナッツを買っても◎。

e. 水あめ

ガナッシュ系はすべて水あめを使っています。仕上がりにツヤが出て、甘みに関してもクセがなく使いやすいです。

f. ココア

こちらもフランスのヴァローナ社。香りが際立っています。生チョコタルトのトッピングやガトーショコラで使用。

g. フルール・ド・セル（塩）

フランスの塩。おだやかな甘みとカリッとした食感が特長。ソルトキャラメルナッツタルトで使っています。

h. グランマルニエ

グランマルニエはコニャックベースのオレンジリキュール。チョコレートとの相性がよく、ガトーショコラで使用。

i. ラム酒

ラム酒はサトウキビから作られる蒸留酒。香りを出すときに使います。カヌレやガレットブルトンヌなどで使用。

j. ベーキングパウダー

生地を膨らませるための粉。アメリカのラムフォード社のものを使用。アルミフリーのものを選んでいます。

k. メープルシロップ

独特の風味が特長のメープルシロップ。グラノーラで使用しています。

l. キルシュ

さくらんぼから作られるブランデー。個人的にキルシュはピスタチオと相性がいいと感じているので、ピスタチオカヌレに使用。

m. 蜂蜜

蜂蜜を使うときは生地をしっとりさせ、蜂蜜の風味をプラスしたいときに。マドレーヌで使用。

ひと手間減る、バニラビーンズペーストを愛用

洋酒を少し入れることで味わいがぐっと大人っぽく

yuka*cm（ユカセンチ）

フードコーディネーター。日本菓子専門学校卒業。ケーキ店勤務やパウンドケーキ卸売の共同経営などを経て現在に至る。インスタグラムでコーヒーに合う茶色い焼き菓子を中心に投稿。バスクチーズケーキやカヌレのレシピが話題となり、現在は7.1万フォロワー。cottaオフィシャルパートナー、フーディーテーブルアンバサダー、macaroniスイーツ認定アンバサダー。

Instagram　@yuka_cm_cafe
blog　https://lineblog.me/yuka_cm_cafe/

うまく焼《や》ける
ていねいなレシピ
愛《あい》すべき
地《じ》味《み》菓《が》子《し》

2021年7月1日　第1刷発行
2023年4月20日　第6刷発行

著者　yuka*cm《ユカセンチ》
発行者　佐藤 靖
発行所　大和《だいわ》書房
〒112-0014
東京都文京区関口1-33-4
電話　03-3203-4511
ブックデザイン　三上祥子（Vaa）
写真　原 幹和、著者（p.65一部）
校正　円水社
印刷　歩プロセス
製本　ナショナル製本

ISBN978-4-479-92150-9
乱丁本・落丁本はお取り替えいたします。
https://www.daiwashobo.co.jp

製菓材料協力
cotta　https://www.cotta.jp/